A ma Ta[illegible]

New York [illegible]

ton de[illegible]

souhaite [illegible]

Albert — [illegible] 7.12.2000

Du même auteur

Déjà parus :

Éclats de malachite, *Éditions Pierre Deméyère,Bruxelles,1971.*
La Pointe du Diable, *Éditions Pierre Deméyère, Bruxelles,1973.*
Mosaïque new yorkaise, *Éditions de l'Athanor, Paris, 1975.*
Albert Russo, Anthology 1, *Légèreté Press, USA, 1987.*
Sang Mêlé ou ton fils Léopold, *Éditions du Griot, Paris, 1990.*
(France Loisirs, Paris, 1991, édition belge;
Matica, édition serbo-croate, à paraître).
Le Cap des illusions, *Éditions du Griot, Paris, 1991.*
(Traduction allemande à paraître).
Dans la nuit bleu-fauve / Futureyes, *Le Nouvel Athanor, Paris, 1992.*
Kaleidoscope, *The Plowman, Canada, 1993.*
Éclipse sur le lac Tanganyika, *Le Nouvel Athanor, Paris, 1994.*
(Élement Uitgevers, édition hollandaise, 1996).
Venitian Thresholds, *Bone & Flesh Publications, USA, 1995.*
Painting the Tower of Babel,*New Hope International, GB 1996.*
Zapinette Vidéo, *Éditions Hors Commerce, Paris, 1996*
L'Amant de mon père, *Éditions de l'Athanor, Paris, 2000*

Œuvres collectives :

All stories, All kinds, *TVR, Peninhand Press, USA, 1985.*
Who's been sleeping in my brain ? *Anthologie bilingue allemand-anglais, Suhrkamp Verlag, RFA, 1987.*
Snow Summits in the Sun, *Anthologie poétique, The Cerulean press, USA, 1988.*

Albert Russo

Zapinette à New York

Éditions
Hors Commerce

à Juliette

Éditions Hors Commerce
26, rue de Picpus - 75012 Paris
Tél. 01 43 41 77 93 - Fax 01 53 17 08 21
Mel : horscomm@aol.com

La grande nouvelle

Tonton Albéric m'a annoncé la plus merveilleuse nouvelle de ma vie. Déjà, le voyage en Italie, j'avais adoré, mais alors ce qui va suivre est et-pousse-ton-flan* (surtout que je m'en lèche les babines, et du flan et de la surprise). Alors, tu donnes ta langue au chat ? Tiens-toi bien, tonton et moi allons passer les vacances de Noël en Amérique. Il n'y était plus retourné depuis son séjour à Brooklyn chez son oncle Luca lorsqu'il étudiait là-bas. C'est parce qu'il se trouvait malheureux comme un chien à cette époque qu'il a décidé que nous découvririons New York ensemble.

Au début, ma mère a tiqué, car ça lui faisait un peu peur de me laisser partir dans la "jungle new yorkaise" – elle croit peut-être que King Kong va m'enlever – mais lorsque tonton lui a assuré qu'il ne me quitterait pas d'une semelle, elle a été d'accord. Malgré ses airs de féministe invertébrée, ma mère flippe parfois.

---

* *Chaque mot, expression ou phrase suivie d'un astérisque (*) sont expliqués dans le lexique, établi par Juliette Bourdin, situé en fin du livre (Note de l'Éditeur).*

J'ai deux amours (tu parles !)

Tonton et moi avons été à l'Ambassade des États-Unis. Qu'est-ce qu'il y avait comme queue et, kipluzè*, devant plusieurs guichets, à croire que les extra-terrestres eux aussi veulent aller en Amérique. Après trois quarts d'heure d'attente, j'en avais marre, surtout que l'endroit ressemblait à un vrai cafard-né-homme* : il y avait des types pas très nets, portant des baluchons gros comme des sacs de couchage (peut-être qu'ils croyaient devoir passer la nuit là), des hommes d'affaires qui suaient à grosses gouttes, des mémés avec leurs gosses et, au milieu de tout ça, des étudiants, des femmes en tailleur Chanel, et même deux mannequins (c'étaient pas Claudia Schiffer, ni sa sœur).

Comme je commençais à me morfondre, tonton m'a dit que je pouvais aller me promener. Je suis revenue dix minutes après, parce que moi, de regarder les abeilles butiner les fleurs, c'est pas mon truc, ni de planter mon nez dans une rose pour savoir si elle sent ou pas – tonton, lui, les sniffe comme si c'était de la drogue et en plus, ça l'estazie*. Nous avons poireauté encore une demi-heure et, enfin, c'était notre tour.

Celui qui nous a reçus avait l'air d'un doberman croisé d'un sanglier, heureusement qu'il lui manquait les défenses et les canines à çui-là, car il aurait fait une bouchée de ma pôv petite personne. Il a posé des tas de questions à tonton et toujours avec son air de chien méchant, a demandé à voir nos passeports – le mien est tout neuf et vierge comme la Mère du petit Jésus. Il m'a regardée de haut en bas comme si j'avais le verre solidaire*. Si c'est comme ça qu'ils nous accueillent en Amérique, eh bien merci, j'ai autre chose à faire. Et tout ça pour nous dire finalement qu'en tant que Français, nous n'avions pas besoin de visa. Tout sanglier et doberman qu'il était, j'avais envie de lui tordre le cou en lui mettant deux énormes bouchons dans les narines, parce qu'il ne méritait pas de respirer, cet hurleur de la berlue*. Moi qui me plaignais de la Poste où mon oncle travaille, je me rends compte que chez les Amerloques, c'est dix fois pire. Y sont soi-disant efficaces ! Efficaces en queue leu leu et en explications à retardement, oui !

Quand tonton a annoncé à ma mère qu'il allait réserver nos places sur un vol de la TWA parce que le forfait pour Noël et le Nouvel An y était intéressant, elle a crié, c'était plus fort qu'elle : “Ah non, pas avec cette compagnie ! Je n'ai pas envie d'être appelée à deux heures du matin pour essayer de vous récupérer parmi les débris au milieu de l'Atlantique."

Il a essayé de la raisonner : "Mais Laura chérie, les accidents d'avion, il y en a un sur dix mille. Et puis là, il s'agissait sans doute d'un attentat, ce qui est encore beaucoup plus rare. Et puis, c'est une question de destin."

Elle l'a écouté pendant quelques minutes et on croyait qu'elle s'était calmée. Puis, d'une voix de grenouille, elle a dit : "Je suis superstitieuse, voyagez avec une autre compagnie, pas celle-là."

Tonton nous a regardées toutes les deux avec ses grands yeux de vieux bichon. Moi, je ne savais plus où me fourrer car, entre-temps, ma mère m'avait foutu une trouille bleu-blanc-rouge et je n'étais plus sûre du tout de vouloir partir, peu importait si c'était avec Mickey Airways ou Ailes de Chameau.

Et il a répondu, en catimini, mais vraiment mini mini : "Comme tu voudras. J'irai demander les tarifs chez Air France."

Le lendemain, tonton nous a rapporté toute une documentation sur la Grande Pomme – c'est le petit nom de New York – pour que je ne sois pas une nullarde quand nous y serons. Comme pour l'Italie, il insiste pour que j'apprenne un minimum sur l'histoire de la ville, que je sache déchiffrer la carte du métro et des autobus et que je retienne quelques adresses par cœur, à commencer par l'endroit où nous serons hébergés, le numéro de téléphone de la police, des pompiers et même de l'hôpital du coin. Et il a recopié tous ces renseignements sur une feuille volante que je devrai à tout moment garder sur moi, car il pense toujours au pire, le tonton. Au début ça m'énervait mais maintenant, je lui fais "han han", pour qu'il ne croie pas que ça entre par une oreille et que ça sort par l'autre, même si c'est le cas. Et en plus de ça, il commence à me baragouiner des mots en américain car lui, figure-toi, s'est remis à l'étudier, étant donné qu'il ne le parlait plus depuis belette*. Moi, ça fait deux ans que je *learn English* à l'école, mais faut quand même pas pousser, surtout que l'accent yankee passe par les naseaux et que certains, quand on les entend dans les MacDo, vous parlent en mâchouillant des chewing-gums gros comme des balles de ping-pong.

Quant à Pierrot, je le croquerais tout cru tout nu : il demande à tout bout de chant pourquoi il ne peut pas nous accompagner en "Amélie". Dans sa petite tête, il doit penser que nous embarquerons dans un énorme dirigeable ayant les traits d'une Amélie et à l'intérieur duquel se trouve le monde de Disney, avec ses carosses, ses parades et son château de la Belle au bois dormant. Quand on lui répond qu'il est encore trop petit, il rétroque* : "Et ben, elle est pas gentille l'Amélie." Alors je ne peux pas m'empêcher de le couvrir de bisous.

Ma mère aussi ne cesse de me faire des recommandations du genre : "À New York, ne t'avise pas de sortir sans tonton Albéric, même au drugstore du coin, pour aller acheter ta réglisse et tes M&M... Et surtout, ne traînez pas dans les rues la nuit, avec tous les loubards et les camés qui circulent là-bas, sans parler des dingues qui vous descendent en série, rien que parce que ça les démange."

Je n'allais pas lui dire que je raffole des séries à la télé, surtout des *X-Files* avec David Duchovny – qu'est-ce qu'il est minouche, avec sa petite fossette au milieu du menton et ses yeux tout ronds de *hush puppy* en quête d'amour, lorsqu'il fixe sa partenaire, la belle Gillian Anderson ; le pauvre, il doit être terriblement frustré parce que, ces deux-là, c'est pas normal qu'ils ne tombent pas dans les bras l'un de l'autre. Mais c'est pas sa faute, à lui : elle le regarde toujours sévèrement avec l'air de dire : "On est là pour faire des enquêtes et pas pour fricoter, alors tiens-toi à carreau !"

Quoique moi, si je devenais actrice, je pense que j'agirais comme elle, surtout si on me demandait de jouer dans beaucoup de films avec, à chaque fois, un mec très beau, sinon je tomberais sans arrêt amoureuse et me fendrais le cœur que ça dégoulinerait sans arrêt. Mais ce que je ne pige pas, c'est que, au cinéma, quand ils s'embrassent sur la bouche, ils le font pour de vrai ! Et ils ne ressentent rien ? Mystère et boule de chewing gomme !

En ce moment, tonton et moi, nous faisons une grande consommation de films américains, mais il m'a imposé une condition : que nous les voyions en V.O. Je ne sais pas si c'est à cause des sous-titres que je suis obligée de lire à triple vitesse, mais maintenant, il me semble que je zappe des yeux à 57.600 bauds* à la seconde – ça n'a rien à voir avec des beaux ni des bofs, c'est du vocabulaire d'Internet, ça. Mais moi, je ne suis pas un dictionnaire ambulant !

Entre nous, quand on va voir un film, c'est pour s'amuser et pas pour faire de la traduction simultanée parce que, dans cet exercice de forceps, on perd la moitié des images, surtout quand il y a de l'action. J'ai pas trop voulu rouspéter pour que le tonton ne s'imagine pas que je ne veux plus l'accompagner en Amérique. Qu'est-ce qu'il faut pas faire comme sacrifices, dans la vie !

Comme tonton Albéric m'a surnommée Zapinette, moi je lui ai donné le sot briquet* "Internet" afin de le préparer à surfer dans le cyber-espace sans trop se matizer*. Les cours d'informatique lui donnent quelque fois la diarrhée, le pôv, mais tant pis, car je ne supporterai pas qu'il reste trop longtemps un info-nul. Et puis

"Internet" rime bien avec Zapinette, avec belette aussi, d'ailleurs, mais là, il croirait que je l'insulte. Il faut dire que je n'utilise plus le sot briquet qu'entre quat' zyeux ou bien devant ma mère et Pierrot, parce que lorsque j'ai crié "Internet" dans la rue pour l'interpeller, les gens se sont demandé si j'avais perdu la boule, même si c'est lui qui a viré au rouge piment. Je suis souvent ahurie de voir à quel point les gens manquent d'imagination. Et quand on en a, ça les agresse, faut le faire.

Un secret de polichinelle

Depuis que j'ai annoncé à ma prof principale que je pars en Amérique, elle me souffle des mots en anglais, voilà aut' chose – elle est toujours aussi paf de moi, et maintenant qu'elle le fait dans la langue de Chèque's Pire*, je me sens encore plus violée dans mon intimité. Ti Dieu ! cette prof ne me lâche pas les baskets dès l'instant qu'elle entre en classe ; figure-toi qu'elle vient de s'acheter une paire de lunettes fumées mauves Christian Dior pour mieux me zyeuter sans que les autres s'en aperçoivent. Heureusement qu'elle ne m'a pas encore proposé de m'aider à faire les devoirs en dehors des cours – quoique, entre nous, ça m'éviterait des heures d'emmerdement. J'ai assez d'un tonton mot sessuel* dans la famille, pour pas avoir en plus une prof motte* sur le dos – j'espère en tout cas que ce n'est pas héréditaire, ces trucs-là, car je n'ai pas du tout envie de tourner cosaque, même si j'ai rien contre mes consœurs du troisième sexe.

Depuis que Charlotte de la Patumière l'a appris – elle m'appelle sa meilleure copine – tout le monde en classe le sait, je ne vois pas pourquoi je garderais ce secret, je ne suis pas une polichinelle tout de même. La Charlotte trouve que je ressemble à Marilyn Monroe, avec sa petite bouche en cul de poulet – Marilyn, pas Charlotte qui, elle, a plutôt l'air d'une grenouille de bénitier se voulant plus grosse qu'un bœuf, malgré ses origines d'aristochatte aux pieds nickelés. Faut voir les panards qu'elle a, et ce ne sont pas les mocassins de chez Ballotin ou Charlot du Jourdain qui les rendront moins boudins (tiens, tiens, je refais des vers, sans même m'en rendre compte).

Devine ce qu'elle m'a sorti, la Patumière ! Qu'avec un peu de chance, je pourrais rencontrer Keanu Reeves à Broadway. Elle m'a remis une carte postale avec le portrait de l'acteur et sa photo à elle, collée au dos, pour qu'il signe son autographe. Parce qu'elle est persuadée que : primo, en Amérique, les stars se mêlent à la population comme ça, et que, deuzio, le beau Reeves va tomber paf d'elle à distance – je ne lui ai pas dit qu'elle ressemblait à mère-grand sur cette photo et qu'on voyait même un début de moustache autour de sa verrue. Elle a dû lire ça dans *Allons Tous au Cinoche* ou dans *Poings de Vue*, ses magazines préférés.

La Patumière m'a aussi donné de l'argent pour que je lui rapporte la série entière des *X-Files* en V.O. Elle parle l'anglais comme moi je cause le kangourou avec en plus, l'accent chinois. C'est peut-être à cause du “pâté impérial” que sa mère lui commande une fois par semaine chez un traiteur huppé de Chinatown, dans le treizième. Le plus drôle, c’est qu’à part ce plat et les vermicelles transparents, elle déteste la cuisine chinetoque. Elle dit que ces gens-là bouffent du rat, du chien, du requin et des nids d’hirondelle – pôv p’tits piafs, quand même ! C’est le mot “impérial” qui l’impressionne sans doute, alors qu’il ne s’agit que de vulgaires “rouleaux de printemps”.

Quand j’ai demandé à Pierrot ce qu’il voulait que je lui ramène d’Amérique, il m’a répondu : “Une plume et un serre-tête indien en cuir avec des petites pierres bleues”. Je suis restée pantoise et quand j’ai voulu savoir pourquoi, il m’a expliqué que les Indiens étaient les anges de l’“Amélie”. Je lui achèterai ça dans un magasin de farces et attrapes mais il faudra que j’invente une jolie histoire pour qu’il ne soit pas déçu.

Quant à maman, elle a remis à tonton une liste de produits pour son salon de coiffure car il paraît que, là-bas, c’est deux fois moins cher. Dis-donc, qu’est-ce qu’on sera chargés au retour, sans compter tout ce que j’ai l’intention de m’acheter : au moins une vingtaine de cassettes vidéo, des cédéroms de jeux, des T-shirt, etc.

Ça y est !

Nous voici à New York, ou plus exactement à *downtown* Manhattan. Harlem, c'est soi-disant dangereux, comme le Bronx et certains quartiers de Brooklyn, surtout à la nuit tombée, lorsque les chats sont gris. C'est tonton qui m'a appris tout ça et il ne cesse de me mettre au garde-à-vous en me répétant : "Sois vigilante... ne souris pas à n'importe qui... aie plutôt l'air méchant... Est-ce que tu as toujours ta liste d'adresses dans la poche intérieure de ton blouson, la carte de téléphone que je t'ai achetée ? Et le sifflet, il est bien accroché ?"

Parce qu'il faut que je t'explique : mon oncle m'oblige à porter un mini-sifflet comme pendentif, au cas où lui se ferait agresser, pour que j'ameute les *cops* – ça veut dire flics – on les appelle aussi *pigs* (cochons) par ici. Qu'est-ce qu'il me les scie avec ses avertissements un temps pestifs* !. Mais c'est vraiment chouette Nouou Yorrrk, malgré qu'on se les caille, avec des moins sept ou moins dix, alors je passe outre comme une loutre.

L'oncle Luca a mis à notre disposition un loft à Soho qu'il avait acheté pour Nick, son petit-fils artiste. Seulement voilà, Nick a pris son baluchon, il a tout plaqué, abandonnant la peinture et même sa petite amie, pour aller se faire un nom à Hollywood, vu que c'est là que ses compatriotes, John Travolta, Al Pacino et Robert De Niro, sont devenus célèbres. Moi, j'ai encore jamais entendu parler de Nick Binetti, et toi ?

Il doit avoir plus de soixante-dix piges, l'oncle Luca, mais il les porte bien, sauf qu'il répète trois ou quatre fois la même chose, c'est dû au fait qu'il n'a personne à qui parler. Il habite toujours dans sa vieille bicoque tout en bois, à Brooklyn, où tonton a passé ses années d'étudiant les plus moches, mais l'oncle Luca y vit tout seul, car sa femme est morte depuis belette. Ses deux filles, Gloria et Carlotta – elles sont un peu plus âgées que mon oncle – résident en Floride avec leurs nouveaux maris (elles ont été divorcées au moins trois ou quatre fois chacune). Quand elles lui demandent pourquoi il ne va pas les rejoindre sous le soleil, sais-tu ce qu'il leur répond ? “Je n'ai pas envie de griller parmi tous ces gâteux, ni de devoir écouter en plus leurs conneries d'outre-tombe. Ici, au moins, je connais mes cafards et mes rats par leurs prénoms, vos moustiques et vos scorpions, vous pouvez les garder. Et puis, je ne sais pas conduire.”

Peut-être qu'il se croit encore jeune, l'oncle Luca. Un jeune-vieux, quoi, même s'il radote à du trente à l'heure !

Faut dire que c'est sympa de sa part de nous avoir prêté le loft, parce que les hôtels ici coûtent la peau des fesses ou bien ils sont dégueulasses et situés dans des quartiers où les gens – des alcoolos et des camés avec des barbes pleins de poux – vous saluent en brandissant des canifs ou des tessons de bouteille. J'en ai vu quelques-uns lorsque nous avons traversé le Bowery en autobus. Heureusement qu'ils ne sont pas montés.

Je dois te décrire ce loft. C'est immense car, avant, c'était un entrepôt. On pourrait y faire des courses de rollers. Même l'ascenseur qui y mène est grand comme une salle de bains, mais il est vieux, pue et grince comme s'il allait rendre l'âme et nous coincer à tout moment. Il paraît que ces endroits sont très recherchés et qu'ils valent de l'or. En attendant, ça caille à l'intérieur. Heureusement qu'il y a un radiateur électrique dans notre coin chambre à coucher. Tonton dort dans le lit, mais faut voir comment : avec un pyjama en flanelle, par-dessus lequel il enfile une chemise de nuit, puis une robe de chambre, et deux paires de chaussettes qui lui font des pieds d'ours. Tout ça lui donne l'air d'un clochard de luxe. Mais je n'ai pas osé le lui dire, même si je ris – lui aussi d'ailleurs.

Moi, je me glisse dans un sac de couchage comme une momie, avec la fermeture éclair tirée jusque sous le menton. Ça fait boudin mais, au moins, je suis protégée.

Dans presque tous les films et les vidéos que je voyais en France sur New York, que ce soient des histoires d'aujourd'hui ou de science-fiction, il n'y avait que des bagarres, des courses-poursuites, des échanges de mitraillettes et des règlements de compte entre flics et gangsters ou entre bandes rivales, que ça devenait lassant à la fin. À cause de ça, j'avais un peu les chocottes de venir ici car je m'attendais à voir des bandits masqués ou des voleurs à la tire-lire* à chaque coin de rue. À ma grande stupréfaction*, les gens que je rencontre dans la rue, dans les magasins, dans les restaurants ou dans les drugstores, sont doux comme des agneaux. Entre nous, je suis un peu déçue, mais ne va pas le répéter, on me prendrait pour une mazo. Quoique, dans le métro, on croise parfois des types qui ont des gueules à te donner le torticolis, tellement ça te démange de les fixer, mais ils n'attendent que ça pour sortir leurs couteaux ou autre chose. Alors, il vaut mieux écraser et regarder les pieds des gens, car il n'y a rien de plus rassurant que les panards, dans ces cas-là. Ici, il faut de bonnes chaussures parce que le macadam, ça use énormément.

Y en a qui ont de ces bottes, toutes cloutées, avec des talons hauts comme des gobelets et des étriers à faire beugler, et pas seulement les vaches.

À cause de la bombe qui a explosé il y a quelques années au World Trade Center, tonton Albéric n'a pas voulu qu'on prenne l'ascenseur là-bas. Il les appelle les "Tours infernales", alors nous sommes allés jusqu'à la 34e rue et on est montés dans le vieil Empire State Building pour observer le panorama. C'était super, quand même, malgré le vent glacial qui sifflait dans les oreilles et te transformait en stalagmite vivante si tu restais trop longtemps dehors. Mais le plus impressionnant, à part les autres gratte-ciels, c'étaient les voitures et les autobus qui, vus d'ici, ressemblaient à de minuscules boîtes d'allumettes. Les gens, eux, avaient l'air de fourmis. C'est peut-être pour cela que certaines personnes préfèrent se suicider ici, ils se figurent qu'une fois arrivés en bas, ils ne seront plus que des insectes et ça leur fait moins peur. Là, au moins, contrairement aux coups de poignard ou de revolver qui peuvent vous rater et vous rendre, au passage, patatraplégique, tu es sûr d'en finir une bonne fois pour toutes.

Broadway gla gla

Tonton m'a emmenée voir une comédie musicale à Broadway. Cet après-midi-là, on avait fait la queue à Times Square pendant plus de deux heures et on se les gelait, mais c'était la seule façon d'avoir des billets à moitié prix. Mon oncle a pour principe de tout acheter au rabais, même ses sous-vêtements. Ici, c'est l'endroit rêvé, on a d'ailleurs l'impression qu'à l'occasion des fêtes, la ville entière est en solde. Même les produits français de luxe, comme les crèmes que ma mère nous a commandées, sont moins chers qu'à Paris, c'est inouï, ça ! Heureusement qu'il m'a laissée aller toute seule dans les deux magasins à touristes qui se trouvaient en face des guichets, ainsi qu'au drugstore attenant, pour que je puisse boire quelque chose. À condition que je pointe mon nez toutes les cinq minutes, afin de lui prouver qu'on ne m'avait ni droguée ni kidnappée. Il m'a fait jurer d'utiliser le sifflet-pendentif que je garde autour du cou à tout moment, au cas où il y aurait eu le moindre pépin ou qu'un gus voudrait trop s'approcher de moi. Je lui ai rapporté un milkshake chaud à la papaye – je ne savais pas que ça existait mais, à l'odeur, c'était franchement dégueulasse. Il paraît que les goûts et les couleurs ne se discutent pas, mais moi, je n'arrive pas à me taire. Finalement, nous avons eu des places pour *My Fair Lady*, une pièce du temps de Mathusalem que tonton avait déjà vue dans sa jeunesse.

Dès que la nuit a commencé à tomber, les néons de Times Square se sont allumés et on se serait cru au milieu d'un immense tournage, c'était féérique et cosmétoc à la fois, tellement il y avait d'étoiles filantes et de pubs cascadeuses – j'en avais les yeux tout dégoulinants, malgré que je ne sentais plus mes paupières. Y a rien à dire, même glagla, Nouou Yorrrk t'en bouche plus d'un coin et tu te prends alors soit pour King Kong, soit pour la plus folle des drague-queens, parce qu'ici, tout semble permis.

Moi qui ne peux pas supporter les vociférations de l'opéra, même lorsque tonton joue les soi-disant fameux airs de la Traviole ou de la Barbichette sur son vieux pick-up – figure-toi qu'il refuse toujours de se convertir au CD –, j'appréhendais *My Fair Lady*. D'abord, le théâtre lui-même, avec ses balcons en accent circonflexe, ses dorures à te donner des coups de soleil, ses fresques buco-alcoolos* et ses lustres qui pèsent chacun une demi-tonne, ne m'inspiraient pas confiance. On n'avait pas fait un si long voyage au-dessus de l'Atlantique pour retrouver des vieilleries comme à Paris, tout de même ! D'après tonton, c'est le plus ancien et le plus historique des théâtres de Broadway. Ben moi aussi, je serai historique quand j'aurai 90 ans !

Au début, donc, je me tournais les pouces, en soupirant comme une tuberculeuse mais, bien vite, je me suis laissée embarquer dans l'histoire de cette petite pauvresse qui sortait des bas-fonds de Londres et qui parlait avec un accent cockney* à se taper le cul par terre. Grâce au professeur Higgins qui, lui, venait de la haute société, elle a appris à articuler et à parler avec plus de distinction, et bientôt, malgré son accent, je comprenais la plupart de ce qu'elle disait. Faut aussi avouer que la musique de *My Fair Lady* était chouette, à certains moments elle donnait même envie de danser, même si ça n'avait rien à voir avec le rap ou la techno. J'aimais bien les décors de rue et les costumes aussi, surtout lorsque le professeur et son élève sont allés au bal, chez les Lords – les nobles s'appellent comme ça en Angleterre parce qu'ils ont chipé tout l'or du peuple pendant des siècles et qu'ils s'en sont mis plein les poches. Ce doit être aussi pour cela que les Américains se sont révoltés contre eux, en demandant aux Français de les aider pour leur Indépendance. Mais là où les Américains se sont comportés comme des cochons, c'est quand ils ont essayé d'éliminer les Indiens qui, eux, étaient les habitants authentiques de ce pays. Maintenant, ceux qui ont échappé aux massacres sont parqués dans des réserves et n'ont qu'à la fermer. Alors ils se bourrent la gueule ou se cament, tellement ils en ont marre d'avoir tout perdu, même les puits de pétrole.

Tonton a écrit un poème là-dessus. Tu veux le lire ? Le voici :

L'ÂGE DE L'AMÉRIQUE

vous me dites jeune, tellement jeune
que sont, en effet, trois siècles au cours de l'Histoire ?
mais trois siècles pour qui donc, parbleu ?

pour ces colons au visage blême
ayant fui la peste et la disette
leur lot quotidien sur le Vieux Continent
à l'assaut de mes riches prairies
de mes espaces envoûtants
jusques aux confins du Far West le plus reculé
où les canyons s'érigeaient en cathédrales
alors que de l'homme il n'était point encore question ?

pour ceux qu'ils croisèrent sur leur chemin
en tentant de les anéantir un à un :
Cherokee, Yokut et Zuni
Tekoa, Winnebago, Iroquois
qui depuis mille et mille lunes
ont campé sur mon territoire,
priant leurs dieux pour que je leur épargne
les déboires ?

pour ces millions d'Africains arrachés à leur terre
berceau de l'humanité, et qui n'ont pu que me haïr
pour avoir tant payé de leur sang
à travailler dans les champs de coton,
devant obéir aux maîtres blancs ?

pour les coolies rescapés de l'Empire du Milieu
emportant pour tout bagage
une mémoire cinq fois millénaire
et retrouvant, qui sait, chez les Amérindiens
un air vaguement familier ?

C'est un peu tiré par les cheveux, tu ne trouves pas ? Et en plus, ça fait grand du loquant*, mais je ne suis pas supposée le montrer aux étrangers, alors, motus et tire-bouchon !

Rencontre d'une grosse libellule

Tonton a retrouvé, tout à fait par hasard, alors que nous dégustions un chocolat chaud dans un café de la Trump Tower, sur la Cinquième Avenue – on peut pas toujours boire que du Coca ou du milkshake ! – une ancienne copine de collège. C'est lui qui l'a reconnue, avec son tarin en forme de hangar et ses gros yeux tout ronds de phoque louchant, ce ne devait pas être difficile, la malheureuse. En plus, sa peau est tirée comme un parchemin passé au rouleau compresseur, tellement elle a dû se péter les boutons quand elle était jeune. Elle portait un tailleur couleur brique plutôt chic, avec des pressions dorées tout le long – si si, de la veste jusqu'au bas de la jupe. Au moindre faux mouvement, tout son bastringue se serait ouvert et bonjour les courants d'air, mais surtout, quel spectacle ça donnerait aux pôvs innocents qui croient que toutes les femmes sont pareilles à la Vénus de Milou, une fois à poil !

Mon oncle a crié son nom trois fois : "Lulubelle" – faut le faire de s'appeler comme ça, surtout qu'elle n'avait ni la grâce d'une libellule, ni la beauté des oiseaux de paradis ! – avant qu'elle ne se retourne vers nous, tout ahurie, comme si on l'avait agressée. Heureusement que j'étais là, sinon le pôv tonton aurait eu les flics au cul parce que, dans ce pays, on n'a plus le droit d'interpeller les gens dans la rue et encore moins de leur faire des compliments, sous peine de passer pour un receleur sessuel*.

D'une voix très basse de tortue de l'Ile de Pâques – ses bajoues sur-poudrées tremblaient comme des œufs mollets –, elle lui a demandé qui il était.

"Alberico, Alberico Binetti de Milan".

Au début, elle croyait que tonton était dans la haute couture parce que son travail à elle, c'est de dessiner des modèles dans les journaux pour les grands magasins et les boutiques de luxe. Après dix minutes de manège amnésiatique*, que ça commençait à me les chauffer, elle s'est enfin souvenue de lui et a accepté de se joindre à nous.

Elle était d'abord convaincue que j'étais sa fille, soi-disant que nous nous ressemblons comme deux gouttes d'eau, première nouvelle, j'allais tout de même pas lui dire que, vue la condition de mot sessuel de mon tonton, c'était aussi peu probable que de demander à un crocodile de faire un bébé à une lionne. Lulubelle avait un *seveu* sur la langue, ce qui m'obligeait à ouvrir deux fois plus grand mes oreilles si je voulais comprendre quelque chose à ses histoires. Si je n'ai pas l'esprit trop tordu, elle a été la seule petite amie que tonton ait eue à New York mais, connaissant mon oncle, je devine que c'était un amour platonique.

Il paraît que Lulubelle l'a encouragé à écrire ses premiers poèmes et à dessiner, car elle, après ses heures de travail, peint des tableaux. Elle lui a demandé th'il était toujours authi angoithé et th'il the rongeait encore les ongles ? (tu dois lire tha en mettant toi authi un theveu thur la langue, th'est la meilleure fathon d'apprendre à parler l'anglais).

Elle a accepté de prendre un thé sans rien avec, ni sucre, ni gâteau, à cause de la ligne – je pense bien, j'allais lui dire qu'elle devrait au moins perdre quinze kilos pour avoir l'air potable, mais je me suis retenue car on ne va pas commencer à se disputer dès la première rencontre. J'avais peur qu'elle s'amourache à nouveau de mon oncle, pas seulement platoniquement cette fois, même après toutes ces années et malgré le fait qu'il ait perdu pas mal de cheveux et... quelques dents de sagesse, mais heureusement, elle nous a appris qu'elle était mariée, pour la troisième fois. Lorsque tonton lui a demandé si elle était heureuse, elle a commencé à tousser comme si elle venait d'avaler des boulons, et il lui a fait boire de l'eau minérale. J'ai vaguement l'impression qu'elle est allergique à son mari, comme certaines personnes le sont aux chats. Une fois remise de ses émotions, elle a proposé que nous dînions un soir entre Noël et le Nouvel An chez elle, annonçant qu'elle nous cuisinerait de la dinde farcie avec une sauce à la canneberge, le plat typique du Thanksgiving Day qui, lui, a eu lieu il y a quelques semaines – j'espère qu'elle ne nous donnera pas du réchauffé ou pire car, si elle ne l'a pas gardé dans le congélateur, le zoizeau aura eu tout le temps de se décomposer, pouah !

Mon dictionnaire ambulant (devine qui c'est !) m'a donné la signification de Thanksgiving. Chaque année, les Amerloques remercient le Bon Dieu d'avoir sauvé il y a deux siècles les Pères Pélerins*. Ça n'a rien à voir avec Dieu, ni avec les curés, d'ailleurs. Ces pauvres bougres s'étaient perdus dans la cambrousse en se les gelant, parce qu'il neigeait plus blanc qu'Ariel, et erraient comme des brebis galeuses et affamées pendant des jours et des jours. Alors des têtes à plumes sont apparues, ils les ont prises pour des anges, mais c'était des Indiens. Voyant que nos compères étaient raplapla, ces derniers se sont dit : “Pas besoin de leur lancer des flèches au cul, ce serait du gaspillage, on va les engraisser, puis on verra.” Ainsi, les Peaux-Rouges leur offrirent une espèce de volaille dix fois grosse comme un poulet avec une excroissance qui lui pendouillait de la tête jusqu'au-dessous du bec, en faisant des beurre-beurre-rythmes* à faire accoucher des femmes enceintes de six mois. C'est ainsi que les Visages Pâles se sont retrouvés nez à nez avec leurs premiers dindons. Moi, j'appelle ça de la charité bien désordonnée, tu me gifles, je te donne un bisou, tu me tires sur les fesses, je t'apporte un plat de maïs. Parce que les pôvs Indiens en ont dégusté avec les Blancs, et pas que des hamburgers accompagnés de frites et de ketchup ou des tartines au beurre de cacahuète ! En plus, qu'est-ce qu'ils se sont fait avoir, les Manitous, car figure-toi, je n'en croyais pas mes chastes petites oreilles de belette, les Hollandais les avaient forcés à vendre Manhattan pour seulement... 24 dollars, bondieuseries incluses, c'était du temps, avant l'arrivée des English, où la ville s'appelait Nieuw Amsterdam. Qui étaient les dindons de la farce, je te le demande.

À propos de beurre de cacahuète, tonton en fait une cure ici. D'abord, je trouvais ça immangeable, surtout à cause de sa couleur caca d'oie, mais à voir mon oncle s'en pourlécher les babines, je m'y suis mise aussi et maintenant, nous vidons un pot entier chaque jour à nous deux. Il m'a suppliée de ne pas le raconter à ma mère, car il paraît que ça contient beaucoup de chloétyrol* et que c'est mauvais pour les cœurs déjà usagés comme le sien – est-ce donc pour cette raison que je me sens un peu écœurée après en avoir dégusté quelques (grosses) cuillérées à soupe, sans foi ni loi, le pain, je le laisse à mon oncle. À cause de tout ce *junk-food* – traduction : dégueulasseries appétissantes comme ce que je viens de décrire, y compris les hot-dogs, les crêpes au sirop d'érable, miam-miam, et les bonbons de toutes sortes vendues dans les *candy stores* – les Amerloques ont souvent les dimensions de Dumbo, il faut voir les énergumènes qu'on rencontre sous ces latitudes, ça rime avec platitude, mais dans ce cas, on devrait parler de lourditudes, même si ça n'existe pas encore dans le dictionnaire de l'Académie Française.

Tonton Albéric se plaint déjà d'avoir pris quelques kilos, qu'est-ce qu'il peut être chochotte ! Tout en rentrant le ventre, il me demande s'il est encore passable. J'ai eu le malheur de lui faire remarquer qu'il commençait à avoir des nénés. Eh bien maintenant, chaque matin et chaque soir, il fait des exercices tarabiscotés pour soi-disant se muscler le haut du thorax, même que parfois il se tord le bras ou attrape des toupies au cul. Il a même acheté de la crème anti-cellulite. Je ne sais pas si c'est la télé américaine qui lui fait ça, mais il se préoccupe beaucoup plus de son apparence physique ici qu'à Paris. En plus, il me fout ses tifs sous le nez pour que je lui dise qu'il a encore de quoi se couvrir le crâne. L'autre jour, j'en ai eu tellement marre que je lui ai crié : "L'année prochaine, je suis sûre que t'auras la boule à zéro, comme Yul Brynner dans *Le Roi et Moi*, mais chez toi, ce sera naturel." Il ne m'a plus parlé pendant le restant de la soirée. Se retrouver à New

York avec un muet qui vous fait la gueule, coincée dans un loft glagla où même la télé est givrée – parce que chaque fois qu'on l'allume il y a, durant dix minutes au moins, de la buée sur l'écran – c'était bien la peine de venir ici ! Heureusement que nous étions rentrés et que je me sentais un peu fatiguée car, autrement, je l'aurais poursuivi en justice pour "non-assistance à personne boudée pour trois fois rien". D'ailleurs, lorsque je rentrerai en France, je me lancerai dans la politique puérile, car maintenant, les enfants commencent à être entendus, comme avec cette loi qui va interdire de séparer les frères et les soeurs en cas de divorce – il était temps, ça suffit de confier les affaires de moeurs à de vieux macaques.

Harlem

Nous sommes allés visiter Harlem en car avec une bande de touristes japonais, faut le faire – tonton voulait absolument que nous y allions, étant donné que c'est l'un des berceaux du jazz et du blues dont il raffole. Quand je lui ai demandé pourquoi on n'avait pas pris le métro ou le bus, comme d'habitude, il a rétroqué que si on y était allés par nos propres moyens, on risquait, même en pleine journée, de se faire agresser. C'est à cause de toutes les saloperies que les pôv Noirs ont dégustées depuis l'époque de l'esclavage et même après : les baudets du Ku-Klux-Klan (qui portent justement une sorte de bonnet d'âne pour qu'on ne les reconnaisse pas) continuaient de les lyncher, dans le sud des États-Unis*, il y a encore pas très longtemps, seulement parce qu'ils voulaient faire leur popote comme tout le monde. Alors maintenant, ils croient que nous, les blancs, sommes tous leurs ennemis. Aujourd'hui, le mot "noir", en anglais, a une mauvaise petite odeur de purgatoire, et il faut dire "Africain-

Américain". En France, les ados branchés disent toujours "Blacks", même ceux qui le sont. Mais s'ils appelaient des Noirs américains comme ça, ils risqueraient de recevoir des gnons carabinés en pleine figure, tout blacks qu'ils sont.

Chaque fois que la guide disait ou montrait quelque chose, les Japonais répondaient "hon hon" ou bien "haï" comme s'ils venaient de découvrir l'Amérique, même si c'étaient des bâtiments à moitié tombés en ruine – parce que de ceux-là, il y en avait énormément et ils étaient tous habités. Certains se répétaient les uns aux autres, en catimini et en hochant la tête: "mochi mochi anoné". Heureusement que la guide ne comprenait pas le japonais, ni le français, parce que ânonner que tout est si moche, c'est pas très sympa, même s'ils avaient raison. Heureusement, il y avait aussi quelques belles demeures de l'ancien temps qui n'étaient pas trop délabrées, celles-là appartenaient à des grands manitous, sûrement de la drogue ou de la maquerelle, fallait voir leurs bagnoles, des limousines, blanches de préférence, et longues de deux kilomètres, avec vitres fumées, pour qu'on ne voie pas ce qu'ils fricotaient à l'intérieur, antennes de télévision et enjoliveurs plaqués-or. À la fin, nous sommes entrés dans une petite église où le chœur chantait des *Negro spirituals* – vous voyez, même la musique porte des titres injurieux, c'est du masochisme, ça. Tonton me traduisait parfois les versets : ça parlait des Hébreux chassés d'Égypte au temps des pharaons et comme la vie était dure et qu'ils n'avaient plus rien à bouffer, Moïse est arrivé (c'était le Zorro de l'époque) et leur a promis de les sortir de là dare-dare, direction la Terre Promise, mais avant, ils devaient traverser la Mer Rouge et ont attendu que les vagues se séparent pour leur laisser le passage.

Tout en chantant, les dames de Harlem, qui étaient habillées chic et choc et portaient des gants en satin et des chapeaux à voilette, se dandinaient comme si elles étaient en transe, elles avaient un rythme incroyable, que ça donnait envie de danser et de chanter avec elles, mais les Japonais continuaient de ronronner et de faire "haï haï", mais cette fois, ils n'osaient pas dire "mochi mochi anoné", ç'aurait été le comble.

Elles ne souffraient pas de famine, ces dames-là, surtout côté poitrail et popotin, les gambettes, je ne vous dis pas, chez certaines on aurait dit que les chevilles s'étaient carrément noyées dans le lard, tellement elles avaient disparu. Je n'ai jamais très bien compris pourquoi certains pauvres en Amérique – et il paraît qu'ils sont presque aussi nombreux que la population française – sont si forts en chair. D'après tonton, c'est du motionnel, ça, mélangé au spychiatrique, qui frappe tout le monde aux États-Unis, même les stars de Hollywood, et ils se vengent sur la nourriture, surtout le *junk food*, le pop-corn, les crèmes glacées, les barres de chocolat, ainsi soit-il – tout ce que j'aime, quoi, mais bizarrement, moi, je ne prends jamais de poids, ce doit être la baguette et le camembert qui me sauvent, car j'en mange aussi énormément.

Tonton prétend qu'en ce qui concerne le boulot, les États-Unis sont bien plus démocratiques que nos pays européens. J'ajouterais qu'ils le sont surtout question calories et chloétyrol. Moi, ça me rendrait dingue si j'étais dans la dèche et qu'en plus, je ressemblais à la sœur de Bibendum Michelin. À cause de tonton qui, comme tu le sais déjà, est un fana d'opéra, j'ai dû regarder un documentaire sur Maria Callas, une cantatrice née à Brooklyn, pas loin, d'ailleurs, de là où vit l'oncle Luca, et morte depuis belette. À quatorze ans, déjà, on aurait dit la Castafiore, que ça boudinait de partout, même sous son triplé de menton. Mais elle en a eu tellement marre de se voir si grosse en son miroir, tandis qu'elle devenait de plus en plus connue – les pôv reporters étaient bien obligés de la photographier, eux qui, en général, sont minces comme des clous – qu'elle s'est décidée un jour à faire un curetage d'amaigrissement* drastik, ça lui a littéralement coûté la peau des fesses. De dinosaure, elle est devenue lézarde, et même moi, en voyant une telle transformation sur les photos, j'en ai été impressionnée. Il paraît qu'après ces curetages à répétition, la Callas s'est mise à piquer des colères énormes et refusait parfois de chanter au beau milieu d'un opéra, créant la pagaille parmi les spectateurs qui étaient venus l'admirer (elle faisait toujours salle comble). Si cela m'arrivait un jour, je leur lècherais les doigts de pieds, à mes fans. Ça s'appelle de la gratitude.

Le rêve cure-dent* de tonton Albéric – ne va pas le répéter, je suis supposée garder ce secret pour moi –, c'est de participer à tous les carnavals du monde, les uns après les autres, en changeant à chaque fois de costume et de falbala. Son fantasme s'appelle Rita Hayworth, une star des années cinquante qui aimait porter des robes en mousseline très décolletées et des châles si longs qu'une fois elle a failli s'étrangler dans sa voiture de sport, parce que son châle s'était enroulé autour d'une roue et qu'elle filait à du 130 à l'heure.

Pour revenir à nos moutons de Harlem, je dois dire que j'en ai gardé un souvenir très musical, au point qu'en rentrant au loft, j'avais encore des fourmis dans les jambes et que cela m'a donné envie d'apprendre la flûte ou la guitare. Il paraît que la musique adoucit les mœurs. Mais le problème dans ce pays est que tout le monde réclame le droit de se défendre à la carabine, ce qui fait que, même lorsqu'il y a tambour et trompette, les .22 long rifle crépitent aussi en se prenant pour des instruments de percussion. Les Amerloques, eux, veulent tous ressembler à Davy Croquette, en dormant avec l'arme à l'oeil* et le revolver sous l'oreiller. Ça s'appelle la démocratie du pan-pan et du taratata où même les mômes se croient permis de jouer aux cow-boys à l'école, en prenant leurs copains pour des Indiens et en leur tirant dessus pour voir s'il y a une vraie différence entre le ketchup et leur sang.

Cet après-midi, pour la première fois depuis qu'on est à New York, il s'est mis à neiger. Les flocons tombaient par rafales et dans les rues les gens se rentraient dedans, certains se bagarraient même avec leurs propres parapluies que le vent retournait contre eux et qui avaient l'air de chiens enragés ne reconnaissant plus leurs maîtres. Les voitures, elles, gueulaient comme des bœufs à qui on avait enfoncé des tisons là où je pense parce qu'il y avait des embouteillages monstres. Qu'est-ce que c'était chouette de voir Noël s'installer vraiment sur la ville – et pas seulement avec les "Father Christmas" qui vous font "jingle bell, jingle bell" à la sortie des grands magasins comme des demeurés, et de foutre ainsi la pagaille chez le peuple ! Avec les banderoles illuminées, les néons de toutes formes, couleurs et gabarits, les décorations des étalages et les réverbères qui ne se prenaient plus pour des pissotières – même s'ils le voulaient, les cabots ne pouvaient pas s'y arrêter, leurs maîtres avaient d'autres chats à fouetter – c'était carrément magicos.

Au milieu de tout ce tintouin lunaire, mon oncle cherchait une confiserie, étant donné que nous allions dîner chez sa copine le soir même, comme convenu, et que nous ne pouvions pas y aller les mains vides. Lorsque je lui en ai montré une, il m'a rétroqué qu'il cherchait des Godiva, parce qu'aux États-Unis, les chocolats belges étaient très appréciés, voilà autre chose. Alors, nous avons fait plusieurs boutiques avant de trouver ce qu'il voulait. Moi, je lui aurais acheté un paquet maxi de cachalots* à la guimauve, un point c'est tout. D'ailleurs, je préfère les cachalots aux histoires belges, et en plus, c'est beaucoup moins cher. Qu'est-ce qu'ils aiment complicationner leur vie, et la nôtre, ces adultes !

Une soirée à la sauce piquante

À 7 heures pie-aime* tapantes – les Amerloques ne savent pas ce que c'est que 19 heures –, nous nous sommes pointés chez Lulubelle Macaque – si, si, c'est son nom de famille, je vous assure, bon, j'exagère un peu, ça s'écrit McArc -, au 29e étage d'un gratte-cul de la 3e Avenue, entre la 32e et la 33e rue. Heureusement que je suis bonne en maths, parce qu'ici, si tu ne connais pas tes chiffres, tu peux tourner en rond pendant des heures, surtout que la plupart des rues se ressemblent. À propos de chiffres, lorsque tu montes dans un ascenseur, ou bien si tu es assez timbré pour prendre les escaliers, tu passes directement du 12e au 14e étage, parce que dans ce pays, le 13 est considéré comme un oiseau de malheur, genre Hitchcock.

Lulubelle portait un ensemble laminé rose pompom. Bizarrement, dodue comme elle est, les strass et les paillettes lui asseyaient* bien, surtout que le plafond de son living était traversé de serpentins dorés et argentés, avec des boules de verre bleu-blanc-rouge – sans doute pour nous faire honneur. Elle cadrait bien également avec son arbre de Noël qui clignait de ses petites bougies électriques. Mais les tableaux qui pendaient aux murs, des gribouillis sans queue ni tête, te donnaient la tourterelle aussi bien que la colite, on aurait dit des toiles peintes par de vrais... macaques ! Tonton m'a pincé le bras lorsque j'ai demandé de qui étaient ces hors-d'œuvre*. Lulubelle, la pauvre, pensait que je crevais de faim et, aussitôt, elle m'a offert des amuse-gueule. J'ai commencé à grignoter des biscuits salés, des trucs japonais durs-à-cuire en technicolor, c'est délicieux, mais il faut avoir de sacrées bonnes dents et, de préférence, pas cariées, sinon tu as l'impression de croquer tes propres canines, c'est très désagréable, ça. Lorsque j'ai mal au ventre, je cauchemarde parfois d'avoir des grains de maïs grillés et tout ratatinés à la place de mes dents et comme je ne peux pas me pincer dans mon sommeil pour me rassurer, dès que je me réveille, je me mords la langue pour voir si tout est en ordre, bien entendu je ne dis cela à personne, même pas à tonton, parce qu'il croirait que j'ai pas un mais plusieurs grains, pourtant j'adore le maïs grillé. Et à l'opposé, je n'ai plus droit au steak tartare dont je raffole parce que, non seulement ça te fout des vers solitaires dans l'intestin – il paraît qu'ils s'y baladent pendant des années, moi, à leur place, je me suiciderais d'ennui – mais, à présent, tu risques aussi d'attraper la vache folle ! M'en fous, je continue à manger des cheeseburgers, surtout qu'en Amérique, ils sont deux fois plus épais que chez nous. Tout ici est comme ça, d'ailleurs. Faut voir les portions dans les restaurants, même les plus minables. Ce n'est pas un bifteck qu'on te sert, mais un demi-veau et pour le poisson ou le poulet, c'est la même chose. Il y en a tellement sur l'assiette que pour les snobs, ils ont inventé le doggy bag : un sac qu'on te donne pour emballer ton plat quand tu ne l'as pas terminé, soi-disant pour le donner à ton chien-chien. Et j'ai vu des gens très bien faire ça. Nous aussi, ça nous arrive de temps en temps. Tonton m'a avertie cependant que je ne devais pas en souffler un mot lorsque nous retournerons en France, ça nous donnerait mauvais genre, et lui, on le traiterait de malnutritionniste d'enfants, ce qui pourrait le conduire au Tribunal des Mineurs. Tiens, tiens, la prochaine fois qu'il me refuse un hot-dog – j'adore ceux qu'on achète dans la rue sur les carrioles, surtout avec du chou et de la moutarde douce (car ici, elle ne pique pas comme à Dijon) – parce que soi-disant je n'aurai plus faim au restaurant, je lui dirai : “attention au doggy bag !”, et il n'aura qu'à se tenir à carreau.

Comme je te le disais, nous étions chez Lulubelle Macaque et je continuais de grignoter ses japonaiseries pimentées, lorsque, soudain, un Monsieur au teint d'olive et aux cheveux huileux avec une raie au milieu est venu nous rejoindre. Il portait un costume rayé gris très brillant avec un veston croisé, comme dans l'ancien temps, un nœud pap' rouge-sang-de-Dracula et deux bagues avec d'énormes cailloux noirs tête-de-corbeau aux doigts.

"Yé soui tré contente dé vous rencontrer, car Louloubel m'a beaucoup parlé dé vous. Moi yé m'appelle Juan Martinèz, dé Puerto Rico. Encantado. Yé adore la langue dé Molière, car c'est la douzième plou belle dou monde après l'espagnol."

Voilà autre chose, on va devoir se coltiner ce mec toute la soirée, en étant obligé de faire l'interprète, parce que sa femme ne comprend pas un mot de français (ce qu'il parle, lui, c'est du charabia-fragnol), et qui n'est pas la douzième – il voulait dire "deuxième" –, mais la première langue du monde, question chic et choc, y a pas que les dollars qui comptent dans la vie. Et par dessus le marché, il voulait qu'on l'appelle "Jeannot" ("Zanô" dans son fragnol), comme le lapin, sauf qu'un lapin, c'est beaucoup plus mignon que sa tronche, alors on a accepté de couper la poire en deux en l'appelant par son sot briquet, "Juanito" (il faut prononcer "Ouahhh nito"), sans le "darling" que Lulubelle ajoute, chaque fois qu'elle s'adresse à lui, avec un air de chattemite pas possible, tellement elle a peur de lui.

Même si j'en avais rien à foutre de leurs histoires de ménage, j'ai demandé à Tonton pourquoi Lulubelle n'avait pas pris le nom de son mari. Le zouave m'a entendue et a rétroqué :

"C'est oun tré bonne question, ma pétite Zapinette – pour qui il se prend, celui-là, à m'appeler comme ça, même si entre Zanette (Mon prénom légitime est Jeannette) et Zapinette, il n'y a qu'un maigre petit pis ! – Yé souis oun vrai citoyenne américaine et yé respecte la femme. Auzourd'hui, même marié, sacun garde son indépendance."

Ça lui fait une belle jambe, à la pôv Lulubelle qui tremble de son triple menton et de toutes ses autres rondeurs dès qu'il la zyeute. Je ne serais pas surprise qu'il lui flanque des torgnoles en privé. D'ailleurs, je mettrais ma main au feu qu'elle a un restant d'œil au beurre noir, celui de droite me paraît trop rafistolé au blush.

Heureusement qu'on nous avait annoncé deux autres invités, parce que mes pôv-z-oreilles commençaient à siffler avec ces deux-là, lui qui zézayait comme un gros bourdon tombé par mégarde dans un pot de confiture et elle, avec son seveu sur la langue, qui chuintouillait pis que pendre.

Les gens ont téléphoné pour s'excuser du retard – d'une heure et demie – et dire qu'ils se mettaient en route. Quel toupet, surtout que j'étais affamée, et que j'en avais marre de croquer des branches de céleri en faisant trempette dans des *cheese dips* – c'est un genre de gouli-gouli au fromage battu. J'avais pratiquement bouffé toutes les japonaiseries, il ne manquerait plus que je les laisse aux retardataires, même si tonton me faisait ses gros yeux de phoque ahuri, et puis je sentais la moutarde me monter au nez, avec ces odeurs de dinde et de marrons rôtis qui me parvenaient de la cuisine.

Lulubelle se lamentait que la viande serait trop cuite. Lui l'envoyait à tout bout de chant funèbre vérifier à la cuisine, ce qui n'arrangeait pas les bidons. Elle avait dû préparer trois sortes de sauces, pour qu'il ne la dispute pas, sale macho, va ! Ni moi ni ma mère ne supporterions un type comme lui parce que, chez nous, les féministes, ce genre de mec n'a plus droit de cité, on le met plutôt dans des voies de garage, comme les carrioles et les vieux tramways qu'on peut visiter au Musée des Transports Publics, près du zoo de Vincennes. Tiens, après tout, c'est dans des cages qu'ils méritent d'être enfermés, ces mecs-là, avec les ours de préférence, et on verra s'ils continuent de faire cocorico.

J'ai regardé ma montre, les retardataires, qui n'étaient pas deux, comme prévu, mais trois, sont arrivés à 9h36 pie-aime. La maîtresse de séance tenante a fait les présentations, comme c'est la coutume ici, c'est-à-dire en triple vitesse, on aurait dit que nous étions des cousins éloignés qui se rencontraient pour la première fois : Mel, hi, Kate, hi, Zac, hi. C'est des diminutifs, ça, car dans ce pays, les gens s'appellent par leurs petits noms. Et ils répétaient plusieurs fois "hi, hi", comme si on n'avait pas compris – il ne s'agit pas des "hi hi hi" que font chez nous les rieurs sous cape, mais du "haï", avec le h aspiré, à la japonaise.

Au fur et à mesure de la conversation – heureusement, cela se passait autour de la dinde qui, malgré sa longue cuisson, était bien savoureuse, hou ! coriace qu'elle devait être, la vilaine ! – j'ai appris que nos trois zigotos retardataires partageaient le même loft, à quelques blocs du nôtre. Au début, je ne comprenais pas très bien de qui Zac était le petit ami car il semblait les aimer toutes les deux autant. Peut-être que c'était un trio, surtout qu'ils étaient un peu punks sur les bords. Mel avait une épaisse crinière couleur carotte rapée qui lui tombait presque jusqu'à la taille, avec deux tresses rastaquouères comme Louis de Funès dans *Rabbi Jacob* et une longue jupe aux franges déchirées (exprès) qui lui balayaient les bottes – demande pas combien de taches de rousseurs elle avait, ça m'en donne encore le vertige. Kate, au contraire, était toute menue et portait un pantalon en cuir qui lui moulait les os, tellement ils étaient saute-grenouille. Ses cheveux à elle, drus et blonds décolorés, faisaient brosse à cabinet, avec les tempes carrément teintes en jaune caca d'oie. Avec son teint café-au-lait, plutôt crème de capuccino, elle avait l'air d'une E.T. égarée. Mais le plus reniflant chez elle, c'était la boucle qui lui transperçait la narine gauche. Rien qu'à la voir, j'avais envie d'éternuer. Zac, lui, me faisait penser à Brad Pitt, mais en plus vieux (35 ans, par là) et en plus marron. Il portait un ensemble écru trois fois trop grand et des bottines en daim. C'est seulement après, lorsqu'il a tourné la tête, que j'ai remarqué le diam' à son oreille. Ça lui donnait un genre, surtout lorsqu'il se mettait à sourire de toutes ses dents de loup garou, sans motif particulier, pour bien montrer qu'il n'avait rien à envier ni aux stars de Marlboro ni à celles de Hollywood Chewing Gum. Comme Lulubelle, Zac gagnait sa vie en tant que dessinateur de mode. Son côté sexy un peu basané et ses yeux couleur noix de cachou écrabouillée qui se disaient parfois merde, il les tenait de son grand-père iroquois, et il était très fier de se dire Native American, une espèce quasiment disparue avec les belettes et donc très protégée (dans des réserves où on se les caille). C'est au cours d'un défilé que Zac et Lulubelle se sont connus. Au début, je me disais que cette fréquentation ne devait pas plaire du tout à Juanito car le Porto Ricain avait l'air jaloux comme un pou. Mais tout m'est devenu soudain clair quand, au milieu du repas, Juanito a dit, en fixant Mel et Kate comme si elles avaient volé le morceau de dinde qui se trouvait sur leur assiette :

“Vous qui êtes lesbiennes, vous n’avez pas peur de déglinguer vos enfants ?” Et il a éclaté d’un rire gras qui l’a fait avaler de travers.

La pôv Lulubelle a viré au pivoine, mais malgré cela, elle s’est levée et a versé à son Porto Ricain un verre d’eau, tout en lui tapotant le dos. Un long silence a suivi ses dernières quintes de toux. Moi, j’étais doublement suffoquée, d’abord de savoir que Mel et Kate étaient mari et femme ou femme et mari, enfin, un couple de mottes, quoi, ensuite de me rendre compte du manège qui se passait entre Zac et mon tonton : Zac lui décochait depuis quelques minutes des petits clins d’œil, toujours avec ses sourires de dentifrice, et mon oncle, discrètement, qu’il croyait, faisait le beau en tendant son cou comme une girafe effarouchée, alors que ce type avait quinze ans de moins que lui.

C’est Kate qui a répondu au beauf à Lulu, et on voyait qu’elle se retenait pour ne pas lui cogner dessus : “Je vous demande, moi, ce que vous faisiez la nuit, dans votre savane tropicale, avec les phacochères ? S’il y a quelque chose que je ne supporte pas, ce sont les prêchi-prêcha des crapauds de bénitier. Je vous préviens, la guerre des sexes ne fait que commencer et les MCP de votre espèce ne feront pas long feu.”

En Amérique, presque un homme sur deux est considéré comme un MCP, *male chauvinist pig,* ce qui est une insulte bien pire que “macho” chez nous.

Mel est alors intervenue en secouant sa longue tignasse rousse et a dit d'une voix calme et sifflotante : "Ne te fâche pas, ma chérie, Juanito n'avait certainement pas l'intention de nous offenser" et, se retournant vers le bonhomme, elle poursuivit :

– N'est-ce pas, Monsieur Martinèz ? À propos, avez-vous des enfants ?

– Oui, trois, un grand garçon de vingt-neuf ans qui a déjà son propre garage et deux fillettes de douze et six ans. Mais quel est le rapport ? a rétroqué le Juanito. Et là, il n'avait plus du tout envie de nous parler en fragnol. Son accent spanglish ne valait pas mieux mais lui croyait parler américain comme un Yankee et il disait à tout bout de chant* : "Okey dokey, you get wadda mean? No sweat".

– Où sont vos deux petites ? ici, avec vous ? a demandé Kate.

– Non, euh, elles demeurent à San Juan, chez ma première femme et son ami, un bon à rien qui n'a jamais rien foutu dans sa vie et pour lequel elle m'a d'ailleurs quitté. Mais c'est un réquisitoire ou quoi ?

– Et vous les laissez ainsi, en compagnie de cet homme ? Vous ne craignez pas qu'il leur fasse des choses derrière le dos de votre ex, surtout si, comme vous dites, c'est un bon à rien ? Moi, si j'étais vous, j'irais vérifier.

Il l'avait dans le baba, le Juanito, car il était devenu tout pâle, ce qui, avec son teint naturel d'huile d'olive et son visage qui faisait miroir poisseux tellement il luisait, lui donnait un air cadavérique.

Où est ce qu'elle l'avait pêché, la pôv Lulubelle ? Elle devait déguster avec ce type-là. À propos de déguster, j'ai eu droit pour le dessert à des pancakes mordorés, bien épais et bien moelleux, nappés de sirop d'érable, sur demande expresse et insistante (là, j'ai ignoré les grimaces de babouin que me faisait mon oncle, j'allais quand même pas et m'emmerder avec tous ces zigotos et accepter de bouffer, comme eux, de la tarte au flan toute tremblotante, même s'il y avait de la confiture de cerises dans les bas-fonds). Mmmm, j'en ai repris trois fois. De toute façon, Lulubelle n'arrêtait pas d'entrer et de sortir de la cuisine, un peu plus, un peu moins, ça lui faisait les pieds, surtout qu'elle se plaignait de son tour de taille. Le dernier pancake, je me le suis servi avec une énorme couche de beurre de cacahuète. Tonton mourait d'envie de m'imiter, mais il n'osait pas, devant ses congénères, déjà qu'il avait honte d'aimer cette “saloperie bourrée de chloétyrol”. Moi, ça me faisait doublement plaisir, d'abord de laisser fondre tout doucement cette déliciosité sur ma langue et ensuite de punir mon oncle par une royale indifférence, il n'avait qu'à pas faire la grue couronnée à table devant Zac, même si c'est pas lui qui a commencé.

Au moment du café, Zac a remis sa carte de visite à tonton en nous invitant à venir voir son loft, qui était aussi celui de Mel et de Kate, parce qu'il voulait absolument que mon oncle lui donne son opinion sur les derniers collages qu'il avait créés pour sa prochaine exposition. "J'ai tout de suite remarqué que vous aviez l'œil artiste" qu'il lui a dit. C'est dommage qu'il ne m'ait rien demandé, car je lui aurais rétroqué qu'en classe de dessin, moi aussi je fabriquais des collages, avec des bouts de papier et des chutes de tissus, même que j'ajoute parfois des allumettes, étant donné que c'est la chose la plus facile à faire et qu'il y a pas besoin de se tordre les méninges, et en plus, mon prof trouve que je suis géniale, question formes et profondeur de champ, qu'est-ce qu'on doit pas entendre, mais du moment que j'ai des bonnes notes, elle peut raconter ce qu'elle veut.

Tonton m'a traînée à la Moma l'autre jour – c'est soi-disant la maman des musées d'art moderne ici en Amérique – que ça m'a donné le tournis de voir tant d'âneries, comme cette toile toute blanche traversée par un fil de fer, ou ce tableau avec des empreintes de pattes de lynx rose-panthère-de-James-Bond qui portait le titre "À la recherche des pas perdus", et plus c'était nul, plus ça coûtait cher, parce qu'apparemment, ces trucs-là se vendent comme des petits pains, surtout aux bougnats du Texas, c'est qu'il y a tellement d'espace là-bas qu'ils se croient obligés de meubler les vides, étant donné que leurs gonzesses trouvent que les puits de pétrole, ça fait trop vulgaire. Il y avait même toute une salle dédiée à l'art... d'une guenon. Au début, j'ai pensé : "n'importe quoi". Puis, en regardant de plus près les grosses taches bleues, vertes et des pas mûres, je me suis révisée : "comparée au blanc des pouilleux, la macaque au moins a mis de la couleur, et dire qu'elle croit peut-être qu'elle descend de l'homme, la pauvre !" Vous ne le croirez pas, mais les créations de Miss Guenon valaient 5.000 dollars et plus, et le fruit de ces ventes qui n'étaient pas du tout bananières, allait à la Recherche sur la Communication entre Hommes et Primates, faut le faire.

Je dois avouer que les Amerloques sont forts question expression animale. Un soir, à la télé, à la fin du journal parlé, ils ont montré un orchestre de chats de gouttière qui miaulaient en chœur sur l'air de "jingle bell, jingle bell, jingle all the way". C'était incroyable, même si les minets étaient un peu à côté de leurs pompes, on peut tout de même pas exiger d'eux qu'ils chantent comme Poivre-et-Rôti ou Kiri-té-Canoë*.

Le lendemain, lorsque j'ai acheté des CD de mes chanteurs favoris, Michael Jackson, Oasis, Nirvana, Iggy Pop, le groupe Abba, George Michael et Prince, j'ai ajouté le Top 10 des Beatles. Mais lorsque nous sommes rentrés au loft et que j'ai mis ce dernier, à ma grande surprise – tonton, lui, se tordait de rire – au lieu de John Lennon, Paul McCartney, George Harrison et Ringo Starr, c'est des wou-wou de chiens qu'on entendait. J'ai tout de suite pensé à l'échanger, mais tonton m'a dit : "Non, je te le rachète, c'est trop drôle". Et moi qui croyais que le dessin des toutous sur la pochette, c'était simplement pour faire joli !

Mais je ne t'ai pas dit comment la soirée chez Lulubelle s'est terminée. Après avoir bu du champagne et des tonnes de vin californien – il avait acheté des magnums de cinq litres, parce qu'en Amérique, même le pinard s'achète en jerricane – le Juanito a offert une demi douzaine de digestifs à ses hôtes, mais lui en prenait des triples doses. Ce qui m'étonnait, c'est qu'avec tout ce qu'il avalait il ne paraissait pas bourré, sauf qu'il grognait un peu en espagnol et faisait semblant de répondre à ses interlocuteurs en hochant la tête. À un moment donné, il s'est approché de tonton et lui a soufflé à l'oreille en fragnol – son haleine d'égout a failli m'asphyxier, je me demande d'ailleurs comment tonton n'est pas tombé à la renverse, lui qui ne supporte pas un pet de travers (des autres, pas les siens) :

"Yé né sé pas où Louloubelle va pêcher tous ces zigomards, heureusement qu'il y a vous et la pétite, parce qu'on finirait par croire que les anormaux, c'est nous" et, un peu plus fort, comme pour couvrir un prout qu'il venait de lâcher, il a ajouté : "putas de maricones !"*

Mon oncle est devenu raide comme un piquet, tout en attrapant un teint de betterave. Malgré que les autres étaient en pleine conversation, Kate avait entendu ces derniers mots et, avec ses yeux qui lançaient des flèches empoisonnées à Juanito, elle lui a décoché :

"Je connais assez d'espagnol pour avoir compris l'insulte que vous venez de proférer, Monsieur Martinèz. Si je n'étais pas invitée chez une amie, je vous aurais cassé la gueule." Puis elle s'est levée et, s'adressant à Mel et à Zac, elle a dit : "Partons, on n'a vraiment plus rien à faire ici !"

Moi, j'étais en train de goûter au délicieux fudge à la noisette et au chocolat que notre hôtesse venait de sortir du four, lorsque tonton, aussitôt après la remarque de Kate, a coassé : "Nous nous en allons, nous aussi". "Désolé, Lulubelle", a-t-il ensuite murmuré, "mais là, trop c'est trop". Puis, soudain, comme un enragé, il a hurlé à l'encontre du Juanito : "C'est à cause d'insensibles comme vous qu'il y a des guerres."

En quelques minutes, nous nous sommes retrouvés à la rue, à moitié frigorifiés, vu que nous n'avions même pas eu le temps d'enfiler nos manteaux. Les trois autres zigotos s'étaient déjà engouffrés dans un taxi. Je la retiens, la Kate ! Elle aurait pu engueuler le type à Lulubelle sans pour autant nous faire déguerpir comme des voleurs : j'ai pas pu terminer mon fudge !

Cette scène avait doublement retourné l'estomac de mon oncle, mais nous ne sommes rentrés au loft qu'après avoir fait trois tours de bloc autour de l'immeuble de Lulubelle, non pas parce qu'il n'y avait pas de taxi (ici on en trouve à la pelle, contrairement à Paris où, en plus, les chauffeurs de taxi te répondent deux fois sur trois qu'ils vont dans la direction opposée et que, par conséquent, tu peux te faire cuire un œuf sous la pluie, même en temps de verglas) mais à cause des gaz que tonton émettait en pétaradant comme un vieux tuyau d'échappement : ils ne sentaient pas l'essence de rose et tout chauffeur de taxi qui se respecte aurait été obligé d'appeler le SAMU dès les cinq premières minutes s'il nous avait pris. Donc, pendant un bon quart d'heure, avant qu'on prenne le tacos, j'ai fait du jogging forcé dans le vent et dans le froid, me mettant à la gauche de mon oncle pour éviter la peau plexy*, malgré qu'elle commençait à gercer et que je ne sentais plus mes pôv pieds, tu parles d'une fin de soirée.

Ce qui avait le plus perturbé mon oncle était le fait que le Juanito se soit confié à lui pour taper sur les mots* et les mottes*, le mettant ainsi dans la situation du dindon farci, surtout que nous en avions beaucoup mangé – il devait se sentir un peu cannibale, le pôv tonton.

De retour au loft, tonton a fait une crise de nerfs pas possible. Je ne l'avais jamais vu dans un état pareil, si bien qu'à un moment donné, je ne savais plus sur quel pied danser, ce qui me retenait de lui fiche un gnon sur la gueule – il paraît que c'est ce qu'il faut faire avec les hystériques, ça les met K.O., ou alors ils deviennent encore plus chien enragé, et là, il faut appeler soit les flics soit les pompiers.

Puis, je me suis dit que mon oncle avait besoin d'un peu de charité chrétienne et je lui ai alors tapoté le dos, pas plus bas car il suait pis que vache qui pisse, surtout sous les bras et je lui ai su-sucré* à l'oreille : "Oublie ces gens-là, tonton, ils ne valent pas tripette." Mais il s'est mis à beugler encore plus fort, comme si je lui avais enfoncé un couteau suisse dans les fesses, à travers son pantalon. J'avais presqu'envie d'appeler le vieux zio Luca à Brooklyn pour qu'il le raisonne, car si je téléphonais à ma mère, même si c'est pas moi qui paie, elle aurait paniqué et nous aurait ordonné de rentrer avec le premier avion – là, elle pouvait courir, surtout qu'il nous restait encore une bonne semaine.

Tout à coup, j'ai crié : "C'est fini, oui, y en a marre à la fin, tu n'avais qu'à pas accepter cette invitation ! Ils étaient tous à moitié timbrés dans cet appartement".

Et, sans savoir pourquoi, je lui ai pincé très fort la cuisse. Il a été aussi surpris que moi et a arrêté immédiatement de renifler. Comme quoi, il faut parfois sévir avec les adultes, sinon ils te bouffent l'atmosphère et tu peux plus te retourner tranquillement dans ton lit. Il m'a regardée comme si j'étais descendue des nuages, puis il m'a chochoté* : "Qu'est-ce que je ferais sans toi, ma Zapinette ?" Voilà autre chose. Faut être complètement mazurka*. C'est alors qu'il m'a avoué que Lulubelle a été sa première vraie amoureuse, du temps où il étudiait ici et qu'il se prenait encore pour un métérosessuel*. Et ce n'était pas seulement platonique, car elle était aussi sa muse – dis-donc avec le tarin qu'elle a, elle me fait penser à un tapir plutôt qu'à un hangar. Et pendant des années, ils se sont échangé des billets doux. Lulubelle est même venue lui rendre visite en Italie et les parents de tonton ont accepté de l'héberger, mais pas dans la même chambre à coucher, ça ne se faisait pas à l'époque. De retour à New York, elle a continué de lui écrire au moins deux fois par mois, jusqu'au jour où elle a décidé de se marier avec un mannequin. Elle lui a envoyé leur photo de mariage. Il paraît qu'il était costaud et bellâtre, genre Sylvester Stallone. Lulubelle devait se sentir aux anges d'avoir trouvé un grand baraqué qui ait bien voulu l'épouser avec son physique plein d'ingratitudes. Il paraît qu'il picolait et qu'une semaine sur deux, il couchait ailleurs. Et puis deux années après, elle s'est aperçue – y en a qui descendent vraiment de l'escargot – qu'il l'avait épousée pour vivre à ses crochets : il était si souvent bourré qu'il ne se présentait presque jamais à ses rendez-vous de mannequin et qu'on le virait de partout. Quand elle a enfin osé demander le divorce, après moules et crevettes, tellement elle craignait qu'il se fiche en rogne, il lui a susucré : "Comme tu voudras, mon chou." Elle en a été soufflée, la pauvre, heureusement qu'elle avait déjà consulté un avocat, parce qu'il voulait emporter tous ses meubles et ses tapis et exigeait une pension alimentaire de surcrôa, pour soi-disant maintenir sa forme physique, indispensable à sa profession. Il est même allé dire qu'à force de mal manger chez elle, il avait perdu dix kilos et que, par conséquent, les agences le trouvaient désormais trop riquiqui pour l'embaucher – ça s'appelle réclamer des arriérés. Elle tombe sur des drôles de zèbres, la malheureuse. De tous, tonton était le plus sortable.

Histoire de rosses

Tonton me dit qu'à cause de Juanito, il devra mettre une croix définitive sur Lulubelle et que c'est tout un pan(pan) de son passé qui s'effondre. Il en fait tout un foin alors qu'il ne l'avait plus revue depuis les belettes. Faut dire que mon oncle prend ses désirs rétro pour des calamités. Il aurait mieux valu ne pas avoir rencontré la Lulu à ce café de la Trump Tower car, maintenant, il se sent doublement trompé, à la fois dans son passé décomposé et dans son avenir plein de reproches. Et comme si cela ne suffisait pas, on devra se coltiner Zac qui veut absolument nous montrer ses collages. Pot-de-colle, va !

Pour lui faire oublier le dindon portoricain – l'autre, avec la farce, celui mijoté par Lulubelle, était succulent –, j'ai obligé tonton à aller farfouiller dans ses oubliettes new-yorkaises, parce que j'étais sûre qu'il avait connu d'autres filles. C'est là qu'il m'a parlé des Ross. Il paraît que nonno et nonna – ça veut dire “grand-père et grand-mère” en italien – avaient fait la connaissance de ces gens-là lors d'une croisière dans les Caraïbes (en ces temps de vaches grasses, que les mouches n'avaient pas encore piquées, ma famille en Lombardie avait du flouze, pas comme maintenant à Paris où on doit tous trimer. Pourtant, quand on émigre dans un nouveau pays, c'est pour devenir plus riche, pas le contraire ! Ça s'appelle l'envers du décor).

Ça se passait lorsque tonton habitait Brooklyn chez l'oncle Luca. Maman, elle, avait été mise en pension chez les bonnes sœurs à Monza, pour cause d'éloignement parental et fraternel, la pauvre.

Dès qu'ils sont rentrés de leur voyage, nonno et nonna ont écrit à tonton, lui disant qu'ils avaient rencontré un couple formidable sur le bateau. Quelques jours après cette lettre, tonton a reçu un coup de fil de Monsieur et de Madame Ross qui l'invitaient à venir passer les vacances de Pâques chez eux à Montgomery, dans l'Alabama.

Au début, la bonne grosse voix de Madame Ross effrayait tonton, surtout qu'il était à cette époque-là encore plus timide qu'un de ces lézards transparents se trouvant par erreur sur votre chemin. Il paraît que ça tonitruait tellement dans l'écouteur que tous ceux qui étaient dans la pièce pouvaient suivre la conversation sans haut-parleur, même l'oncle Luca qui commençait déjà à devenir dur d'oreille. En Amérique il n'y a pas de combiné comme chez nous, c'est sans doute parce que dans ce pays, les secrets, mignons ou pas, s'évaporent au moment où ils naissent, comme les pets d'avion dans le ciel. Tout ici se claironne en quadriphonie et en stéréo dolby, jusqu'au moindre reniflement de Socks, le chat de la Maison Blanche.

Mais revenons à nos Rosses de moutons. Ils sont parvenus à convaincre l'oncle Luca de laisser leur neveu prendre le train tout seul pour Montgomery, surtout qu'il allait passer la nuit dans un compartiment avec douche et toilette privées – c'est qu'à l'époque, le luxe et tonton, ça se connaissait.

Il paraît que la maison des Ross ressemblait à la fois à un mini Versailles, avec sa petite fontaine en albâtre, ses lustres en cristal, ses moulures dorées, ses feuilles d'acanthe, ses angelots hermann-freudites*, et au bazar de Marrakech, tellement il y avait des tapis et des carpettes de tailles différentes superposés sur la moquette d'origine qui, elle, devait étouffer tellement elle était soumise, ainsi qu'un nombre invraisemblable de babioles en porcelaine, en métal poli ou malpoli, en pierraille, en bois de teck, enfin, un cafard-né-homme qui rendrait jaloux n'importe quel brocanteur thaïlandais. Et Madame Ross présentait chacun de ces objets à tonton avec moules et crevettes en répétant bien que tout ça valait une fortune – c'était pour l'impressionner, d'ailleurs elle le présentait à ses riches amis comme Alberico de Binetti, fils d'aristocrates lombards de vieille souche. Tonton essayait de rectifier le tir, mais elle le couvrait de sa grosse voix en répétant : "Honey, don't be so modest !"*

En plus, contrairement à notre loft où nous n'avons qu'un petit réchaud de clochard, l'endroit était surchauffé, malgré que dehors il faisait déjà dix-huit degrés – centigrades, pas phare machin*. Les Ross avaient toujours froid et obligeaient tonton à s'habiller en petite laine, même au salon. Mais la plus grande surprise, c'était Drusilla, leur fille unique, qui avait presque dix-sept ans et qui déjà ressemblait à une sorcière – pas la bien-aimée, malheureusement. Mais où ont-ils bien pu pêcher un nom pareil, peut-être dans la version préhistorique de "l'Empire contre-attaque".

Tonton ne voulait pas les contredire, surtout qu'il était leur hôte, mais il avait fait des recherches à la bibliothèque du collège qu'il fréquentait à Brooklyn avant de venir en Alabama, et il avait appris des choses pas très vers luisants* sur cet État. Que, par exemple, en 1955, les Noirs de Montgomery avaient boycotté les bus municipaux parce qu'une femme avait refusé de céder sa place à un Blanc. Cette femme, qui s'appelait Rosa Parks, avait en plus été accusée d'enfreindre les lois ségrégationnistes – ça c'étaient des lois de chimpanzés qui interdisaient aux Noirs de s'asseoir près des Blancs dans les transports publics, ou d'aller dans les mêmes restaurants et cinémas que ceux que fréquentaient les Blancs. À la tête des manifs se trouvait Martin Luther King qui a été assassiné après le Président Kennedy. Les Freedom Riders* ont poursuivi leur combat pour l'égalité raciale, mais les Cul Cul Blancs* – ce sont les nazis du coin, habillés comme des polichinelles cagoulés et qui foutent le feu aux baraques des noirs ou les lynchent pour le simple plaisir – les attaquaient sans arrêt, jusqu'à ce que le Président Kennedy envoie la Garde Nationale pour permettre aux étudiants noirs de pénétrer dans les écoles et les universités, réservés jusqu'ici aux Blancs. Mais bien que la loi fût votée, le gouverneur de l'État, George Wallace, un raciste invertébré* qui considérait les noirs comme des rastaquouères (alors que les Noirs, eux, n'avaient jamais demandé à quitter l'Afrique, ni à être embarqués de force sur des bateaux pourris, pleins de rats et de choléra, ou à venir, enchaînés comme des bêtes, cueillir du coton sous le soleil de l'Alabama*) a continué de leur mettre des bâtons dans les roues. Après quelques années, sentant le roussi, il a accepté que ses sujets marrons* vivent plus ou moins comme des êtres humains – de troisième zone, mais c'était déjà un progrès. Le plus incroyable dans toute cette affaire est que ce vieux schnock de Wallace, après plus de vingt ans au pouvoir, a été réélu grâce… aux Noirs, qui maintenant pouvaient, eux aussi, voter.

Les Ross avaient plusieurs domestiques blacks à leur service – ils disaient "colored" à l'époque, parce que ça sonnait moins esclavagiste que Negro qui ressemblait trop à l'insulte Nigger ("nègre" en anglais). Tonton se souvient surtout de Nelly, la bonne que Drusilla rabrouait à tout bout de chant en lui disant, gentiment qu'elle croyait : "Hé, Fatso (grosse dondon), tu ne m'as pas rendu les sous sur les caramels à la menthe que je t'ai demandé de m'acheter, voleuse va, tu as de la chance que c'est moi" et elle riait en regardant tonton, comme si elle lui faisait une faveur de ne pas la dénoncer à ses parents. Ou bien : "Qu'est-ce que tu as encore mis dans le fudge aux noix que tu nous as cuit hier soir, ça goûte la mort au rat et puis tu sais bien que je l'aime un peu grillé sur les bords. Oh là là, quelle cervelle d'oiseau !" Puis elle lui flanquait une claque sur son arrière-train bien rembourré, afin de lui prouver, que malgré tout, elle l'aimait bien, sa Nelly. Ça s'appelle de l'affection condescendante. Puis il y avait Jason, le très chic et guindé chauffeur de famille, impeccable avec ses gants blancs et sa moustache rase-motte qu'on aurait dite tracée au fusain. Lui n'ouvrait la bouche que pour déclamer : "Oui, Ma'am", "Très bien, Ma'am", "Vous pouvez compter sur moi, Ma'am". Et il prononçait cela avec componction, comme un pasteur qui dispensait la parole de Dieu, parce qu'il ne se prenait pas pour rien, Jason. Il se figurait peut-être qu'un jour il conduirait les grands manitous à la Maison Blanche en Cadillac. Et, entre les courses, il astiquait l'imposante Mercury Stratocruiser familiale de long en large, de bas en haut et de fond en comble – l'intérieur sentait le cuir fraîchement ciré au point que tonton ne pouvait s'empêcher d'éternuer dès qu'il y posait ses fesses –, faisant briller les chromes, les phares et les enjolivures comme s'il s'agissait d'or 18 carats, de diams et de rubis. Jason ne donnait jamais l'occasion aux insectes de salir le pare-brise avec leurs chiures, ni à qui que ce soit, Blanc ou Noir, petit ou vieux, d'approcher "sa" limousine.

Il y avait un vrai contraste entre Nelly et lui. Tonton ne comprenait pas s'il la snobait car, elle, s'adressait à lui comme on s'adresse au chat de la maison : "Alors, on a passé une bonne journée, Jason ? Pas trop fatigué, quand même? Et est-ce qu'on a apprécié l'agneau aux fèves que Mama Nelly a préparé ce midi ?" Et elle continuait de vaquer à ses occupations sans attendre de réponse.

Tout ce que tonton avait retiré de cette atmosphère bizarroïde, c'était l'accent traînard et chantonnant du sud des États-Unis qui donnait à leur vie un rythme tout particulier. Il trouvait cet accent à la fois comique (dans la bouche de Nelly) et gnangan (dans celle des Ross). Et pour la première fois depuis qu'il était venu dans ce pays, il se prenait à regretter New York avec ses foules tohu bohu, ses odeurs de donuts qui lui collaient aux narines comme des sangsues, prêtes à lui bouffer les poumons, ses bouis-bouis aux tabourets qu'il faut escalader presque avec des harpons tellement ils sont haut-perchés, et qui débitent des submarines ou des Hero sandwiches aux boulettes toutes dégoulinantes, soi-disant bolognaises mais que tonton n'avait jamais vues en Italie. Il regrettait même les gueules effrayantes du métro.

À cause des Ross ou peut-être grâce à eux, tonton venait de découvrir que son dégoût initial de Brooklyn cachait quelque chose qui ressemblait à un sentiment de liberté dont il ne s'était jamais rendu compte jusqu'ici. Comme quoi, même s'il s'était emmerdé à du cent à l'heure dans l'ombre de Drusilla, sa complice en cochonnailles majeures, ès-maquilleuse de doigts de pieds – car elle se vernissait aussi les ongles des fromages, devant tout le monde –, tonton avait hâte de retrouver la Grande Pomme, toute vermoulue qu'elle était. Il paraît que les New Yorkais se plaignent toujours de leur ville, même quand ça va bien, c'est un tic qu'ils ont, ce qui n'empêche qu'ils ne peuvent vivre nulle part ailleurs.

Qu'est-ce qu'il m'a fait rire, tonton, en imitant cet accent avec des : “Where d'jjjall come from ?” étirés sur dix minutes avec une voix de nœud-nuque* au ton suraigu. On aurait dit qu'il sortait tout droit d'*Autant en emporte le vent*.

Madame Ross lui téléphonait une fois par mois au moins chez l'oncle Luca pour le réinviter, en lui disant combien Drusilla avait été contente de son premier séjour chez eux, même s'il n'en croyait rien, puis elle passait le combiné à fifille qui lui su-sucrait en nasillant : "Hi, Al, everything ok ? Here too, everything's ok. When you coming back ?" (Salut, Al, tout va bien ? Ici aussi, tout va bien. Quand est-ce-que tu reviens ?") Et c'était toujours ces mêmes trois phrases, entrecoupées de silences plongeants qui faisaient suer le pôv tonton, tellement il n'avait rien à répondre, car il n'avait vraiment aucune envie de retourner là-bas. Et puis il détestait qu'on l'appelle Al, ce diminutif de gangster qui faisait croire que tous les Italiens étaient des mafieux comme Capone.

Dieu sait ce que Madame Ross avait écrit à ses parents, le fait est que nonno lui a envoyé un aérogramme comme quoi il devait accepter de passer un autre long week-end à Montgomery. Alors tout à coup, tonton s'est réveillé : il venait de comprendre que ses propres parents étaient, eux aussi, tombés dans le panneau, même qu'ils étaient de mèche avec ceux de Drusilla. La seule idée qu'il pût se voir fiancé à un haricot géant, et à un âge aussi tendre, a dû lui donner un coup là où je pense car, non seulement il a répondu à nonno qu'il n'irait plus jamais chez les Ross, mais il leur a demandé expressément de ne plus lui téléphoner parce que ça l'empêchait d'étudier. C'est ainsi qu'il mit un point final à cette affaire qui devenait farineuse*.

Christmas shopping

Ce midi tonton et moi sommes allés chez Bloomingdale's, un grand magasin plutôt chic et choc, dans Midtown, pour profiter des soldes de Noël. On a fait une vraie razzia, car il y avait des rabais jusqu'à 70%. Tonton a acheté deux pantalons gris taupe, l'un pour l'été, l'autre, en flanelle, pour l'hiver, des chaussettes à gogo, une paire de pantoufles Prince d'Écosse et des chemises de nuit – il se prend déjà pour mère-grand – de toute manière, il n'a personne en ce moment à qui faire du charme avant d'aller au lit, sauf moi.

Pour maman, nous avons pris deux beaux foulards avec des motifs new-yorkais, l'un avec un panorama de la Grande Pomme au clair de lune, l'autre avec une calèche dans Central Park enneigé. Puis on est descendus lui faire son plein de parfums au rez-de-chaussée. Là, la cocotte qui nous a servis et qui sentait à la fois le pain d'épice et le loukoum, nous a offert un tas de tubes d'échantillons, ça voulait dire : "Allez vider vos poches et revenez quand vous voudrez, il y en aura d'autres".

Pour Pierrot, on ne savait plus où donner de la tête tellement les enfants sont rois, ici. Je n'ai même pas compté les tee-shirts que nous lui avons ramenés, ils étaient tous plus minouches les uns que les autres, surtout ceux avec les animaux et leurs petits, sans parler des modèles piqués de paillettes, il y en avait même un sur lequel on pouvait allumer des clignotants, comme la paire de baskets qu'on lui a achetée et la casquette de pompier.

Pour moi, j'ai raflé une vingtaine de cassettes vidéo, plus celles que m'a commandées Charlotte. Il ne me reste que quelques maigres dollars – j'en emprunterai à tonton, car je ne résisterai pas jusqu'à notre départ. Vaut mieux pas le lui dire maintenant, ça l'effraierait, surtout que sa Carte Bleue Visa risque de tourner au vert-de-gris, tellement elle a avalé de dépenses.

Nous étions chargés comme des babouchkas endimanchées, avec nos énormes sacs remplis de paquets à ras bord, heureusement qu'il n'y avait rien de fragile malgré que ce devait être l'assommoir de zoulou pour ces pôv vêtements, tout pressurisés qu'ils étaient. Il paraît que le coton respire, eh bien là, les chemises de nuit de tonton et les tee-shirts de Pierrot devaient étouffer de tous leurs pores bouchés.

Devine comment nous sommes rentrés au loft, grâce au pingre d'oncle que j'ai ! Tu aurais pu penser qu'il hèlerait un taxi dans ce froid de loutre, avec tout ce qu'on trimbalait sur nous. Pour une fois, une seule petite fois, surtout qu'ici les cab s'arrêtent au moindre geste que tu leur fais, même lorsque, sans le vouloir, tu leur lances une crotte de nez. Eh bien, niet ! nous avons pris le métro. Au début, il voulait que nous prenions le bus, celui qui descend toute la 3e avenue, mais nous n'avons même pas pu monter, tellement on faisait char d'assaut.

Alors que, d'habitude, j'évite les regards m'as-tu-vu, c'est moi qui, cette fois, fixais les gens avec une gueule d'ourse polaire – touche pas à mes objets ou je te fous un gnon dans les burnes (comme par hasard, la plupart des voleurs sont des mecs). Et j'ai pas fait de discrimination, je regardais tout le monde méchamment, Noirs ou pas. D'ailleurs, il y en avait un qui sifflait entre les dents, mais comme je serrais les miennes à bloc, en faisant de gros yeux, il n'a pas osé me lancer son venin. Quels stragégènes* faut pas inventer pour protéger ses biens !

Tonton, ça l'a mis mal à l'aise, le gnouf, il n'avait qu'à nous payer un taxi. S'il croit, de surcrôa, que je suis une distributrice de sourires gratuits, il se trompe mastodontément*.

Pendant le trajet Downtown – encore heureux que nous ayions pu nous asseoir avec tous nos paquets, il y en avait sur mes genoux, calés entre les pattes, et même derrière mes pôv gambettes –, j'ai fait semblant de lire les pubs affichées au-dessus des fenêtres, pour me détacher un peu de ces tronches, parce qu'elles commençaient à me donner le torticolis ainsi que la machoirite aiguë.

Ça n'a pas duré longtemps car, sur la banquette en face de moi, s'est installée une énergumène à la face peinturlurée tout de traviole, comme si elle s'était fagotée d'une main tandis qu'elle essayait de se maquiller de l'autre, parce qu'il fallait voir ce qu'elle portait sur elle, des patchworks miteux enroulés autour de sa poitrine hippopotamique, des breloques en verroterie qui tombaient de son col comme une ribambelle de bébés-pieuvres et, sous une sorte de couverture de pompier qui devait remonter à la dernière guerre mondiale, une demi-douzaine de jupons, certains avec de la dentelle – faut pas demander de quelle couleur. Quant à ses panards, ils étaient emmagasinés dans des galoches de la taille de King Kong. Elle aurait provoqué une attaque cardiaque au plus féroce des tigres de cirque. Elle me zyeutait en haletant comme un phoque, et de temps en temps, elle passait sa grosse langue sur ses lèvres moustachues qui, tiens-toi bien, étaient fardées en violet. Puis, heureusement pour moi, elle a reconnu une petite dame toute fluette avec un manteau aubergine orné d'un col de renard, qui venait de monter.

"Oh, mais c'est ma douce Cathy, quelle agréable surprise !" lui a-t-elle crié, en lui faisant de la place pour qu'elle s'assoie à côté d'elle. La pôv dame la fixait avec effroi comme si elle venait d'apercevoir une vampiresse des neiges. Elle a fait un pas pour s'éloigner, mais l'autre tapotait la banquette de plus en plus fort, alors, comme une marionnette, elle est venue poser ses fesses à l'endroit indiqué par l'hippopotame. Puis, avec sa forte voix de martingale, celle-ci lui a dit : "Je ne sais pas si c'est dû à l'éclairage du métro – à vrai dire, je ne le prends quasiment jamais, ça transforme les gens en criminels – mais je vous trouve un peu verte. Vous avez eu des ennuis de santé dernièrement ?"

La pôv aubergine ne savait plus où se mettre, car les gens la guettaient. Faut avouer qu'elles faisaient une drôle de paire, ces deux-là. La vampiresse continuait de parler en postillonnant et en claquant sa langue. "Vous êtes au courant de ces deux malfrats qui cambriolent les appartements des petites vieilles après les avoir violées ? Ça fait quelques semaines que ça dure et les flics ne parviennent pas à leur mettre le grappin dessus. Faudrait que vous fassiez attention, Cathy, ils paraît qu'ils opèrent à quelques blocs de chez vous. Je me demande même si les flics ne sont pas de mèche avec eux, ça me semble louche tout ça."

Comme je ne suivais pas tout, je flanquais des coups de coude à tonton pour qu'il me traduise. Ça lui donnait des rougeurs d'écrevisse, mais je m'en foutais, parce que je voulais comprendre, on n'avait qu'à rentrer en taxi. Et vous savez ce qu'elle a ajouté, la grosse – là je n'ai pas eu besoin d'interprète : "Étant bisessuelle, je suis plutôt large d'esprit, mais là, ils poussent un peu fort, vous trouvez pas ?"

L'aubergine n'avait plus qu'une envie, la malheureuse, c'était de disparaître, au propre comme au figuré, et moi je remarquais qu'elle se constipait à vue d'œil, car elle devenait toute bleue, signe irréfutable de serrement de fesses. Puis, tout à coup, elle a eu une lueur dans les yeux et a su-sucré : "Oh, mais où ai-je la tête ? J'ai oublié d'aller chercher les cadeaux pour mes deux nièces dans cette petite boutique de Fulton Street. Il faut absolument que je descende à la prochaine station."

"Qu'à cela ne tienne", a répondu la vampiresse, "je vous accompagne. Pour ce que j'ai à faire. De toute façon, personne ne m'attend. Et puis, causer, échanger des opinions, j'aime ça. Pas vous ? Les gens restent collés pendant des heures devant leur télé, avec l'idée débile qu'ils se tiennent au courant. Au courant de quoi, je vous le demande. L'ère de la communication, ha, l'Internet, l'Internet, c'est tout ce qu'ils ont dans la bouche."

Puis elle s'est levée, avec des froufrous de brontosaure, et a lancé autour d'elle : "Regardez-moi ce bestiaire !"

Y en a qui ont du toupet ! En plus, elle sentait le merlan frit.

Chez Zac

Nous sommes finalement allés à l'atelier de Zac pour qu'il nous montre ses coco-llages, car ça faisait deux fois déjà qu'il nous sciait les côcôtes au téléphone pour qu'on vienne les voir, et tonton qui lui répétait : "Jeannette et moi serons ravis. Absolument raaavis." Quel gnouf !

Je lui ai donné onze sur vingt à Zac, pour ses sous-œuvres, et encore, je suis généreuse. Il créait surtout des papillons, aux ailes préfabriquées avec des bouts de paille ou de liège ou alors carrément découpées dans des sacs-poubelle – pour faire un pied-de-nez aux écologistes. Parmi ces papillons-cannibales, certains se bouffaient entre eux, d'autres dégustaient des bébés humains pour l'apéritif. Il nous a expliqué, en se tortillant du cul (parce que soi-disant tonton est l'héritier de Michel-Ange et de Léonard de Vinci, et qu'il comprend le grand art ; moi dans ce cas, je suis la nièce bien-aimée de mère Thérésa) qu'un jour, les papillons se vengeraient des hommes, mais qu'entre temps, dans son histoire à lui, ils s'entretuaient comme les êtres humains en Bosnie et au Rwanda, il y a quelques années. Il nous promettait une invasion papillonnesque de la terre, où les hommes seraient épinglés sous vitre dans des bibliothèques, afin de montrer aux petits papillons de l'an 3000 à quoi nous ressemblions. Il en avait fait toute une série et ça se lisait comme une bande dessinée. Heureusement que j'étais là, et que mon oncle ne pouvait me laisser seule, parce que je voyais bien que Zac mourait d'envie de partager avec lui des moments "privilégiés", entre deux êtres "touchés par la grâce". Les yeux de tonton brillaient, avec son air d'illuminé en transit. Comme je commençais à en avoir marre de leurs échanges aquatiques ! À un moment donné, Zac a eu l'arme à l'œil, tellement il insistait sur le fait que notre rencontre n'était pas le fruit du hasard, mais une vraie révélation.

J'ai dû me taper encore une heure de ces discussions pleines d'entrechats et de pattemouille. Lorsque Mel et Kate sont arrivées, j'ai poussé un ouf de soulagement.

L'oncle Luca et Al Capone

L'oncle Luca nous a invités à dîner dans un vieux restaurant italien de Brooklyn, à quelques rues de chez lui, lequel, paraît-il, existe depuis les belettes. Ça m'a fait plaisir, car je commençais à trouver la compagnie de Mel, Kate et Zac plutôt collante. Tonton aurait dû travailler pour Saint-François-d'Assise.

Dès que nous sommes entrés dans ce boui-boui qui sentait l'huile d'olive et la ciboulette, je n'ai pu m'empêcher de zyeuter l'oncle Luca du coin de mon œil le plus suspect, parce que le patron, Dino, un ami de jeunesse, avait l'air sorti tout droit du film *Le Parrain IV*. En plus, les murs étaient recouverts de photos d'avant-guerre en jaune et gris, affichant des types à chapeau de feutre et costards rayés à l'aspect encore moins rassurant.

Dino et l'oncle Luca se sont remémoré un tas de choses assez gnangnan que je n'ai pas la patience de répéter ici. Puis, le restaurateur a demandé à tonton Albéric pourquoi il ne s'était jamais marié, ce qui a donné à mon oncle un air ahuri de singe à cul rose descendu inopinément de son arbre. Comme il restait bouche bée, le patron a proposé de lui présenter une nièce qui avait eu deux mariages et un enterrement derrière elle – son premier mari ayant été décapité par une pale de bateau, le deuxième s'étant débiné avec la femme de son meilleur ami. Comme tonton ne disait toujours rien, c'est moi qui ai répondu en disant que nous n'avions plus que quelques jours à passer ici et que notre programme était déjà très rempli. Mais l'autre insistait : “Je suis sûr que vous vous entendriez à merveille, tous les deux, surtout qu'elle cuisine les raviolis au parmesan mieux que moi. Et puis, elle adore l'Europe”. Eh bien, ça promet pour le repas.

Nos deux compères du troisième âge nous ont raconté des blagues qui leur étaient arrivées dans leur jeunesse. Ils ne l'ont pas dit, mais je suis sûre qu'ils étaient un peu mafieux sur les bords.

Il y a cette anecdote sur Jack, le cousin de Dino, qui habitait l'Oregon, sur la côte du Pacifique. Un jour qu'il était habillé en mac de luxe, costume en lin blanc cassé, chapeau de paille et mocassins bicolores, genre Richelieu, Mister Jack est entré dans la plus chic confiserie d'une petite ville du Texas. Vu son air distingué, c'est le maître-confiseur lui-même qui a tenu à le servir.

"Je voudrais que vous me remplissiez ce coffret de quarante chocolats assortis", commanda-t-il en désignant une belle boîte argentée de l'étalage. Il sortit alors un billet de 50 dollars de son portefeuille en cuir de tortue et le tendit généreusement au confiseur, en lui faisant signe de garder la monnaie, car 50 dollars à l'époque, ça valait une petite fortune.

"Mon brave homme", poursuivit-il, "servez d'abord ces bonnes gens arrivées après moi, car j'ai une petite course à faire. Vous voyez la bijouterie d'en face ? Et bien, lorsque vous aurez terminé avec vos clients, vous m'enverrez le paquet confectionné là-bas."

Dans la bijouterie, une dame, qui avait autant de rides que de breloques sur elle, le reçut, toute charmée par ses manières d'aristochat parfumé.

"Bonjour, chère Madame", lui fit-il, grand du loquant, "vous possédez, me dit-on, des pièces très rares ayant appartenu, entre autres, à la famille royale de Bulgarie. Je cherche précisément un bracelet filigrané comme on en ciselait à la fin du siècle dernier."

Flattée d'un compliment si raffiné, le double menton tremblant comme de la gélatine, la bijoutière gloussa : "Oui, oui, j'ai ce qu'il vous faut." Elle ouvrit ensuite un tiroir après deux tours de clé et retira avec beaucoup de soin trois bijoux antiques. Mister Jack n'hésita pas, montrant du doigt la plus belle pièce sertie de diamants et d'émeraudes.

"Très bien", su-sucra-t-elle, l'air pince-nez*, avec la bouche arrondie en croupion de poulet. Puis, comme si on venait de lui annoncer l'arrivée du Saint-Esprit, elle chochota : "Pour vous, le prix sera de 40.000 dollars."

Notre causeur l'interrompit en se raclant la gorge : "Je vous demanderai une grande faveur. Connaissez-vous le confiseur qui nous fait vis-à-vis ?"

"Certainement, c'est le bon Freddy Osborne. Nous sommes d'ailleurs de vieux amis."

"Voilà", a fait Jacko, sur un ton de confidence patte-mouille, "j'ai déposé chez Mr. Osborne une somme assez importante en guise de prêt, il y a quelques mois, et je l'ai prié de vous restituer le montant que vous me réclameriez pour mon acquisition. Il sait d'ailleurs que je suis chez vous en ce moment."

Prise un peu de court-bouillon*, la bijoutière est restée quelques moments dans les vapes, laissant son double menton faire des siennes, comme une vieille dinde se trouvant subitement plantée au mileu d'une grosse flaque d'eau, puis, se disant qu'elle avait affaire à un vrai Monsieur, surtout si celui-ci avait prêté une somme aussi importante au bon Freddy, elle balaya les doutes de son esprit.

Pour effacer toute ombre de soupçon, notre galant se dirigea vers la sortie du magasin et, d'un geste m'as-tu vu, genre paon faisant la roue, attira l'attention de Mr. Osborne. Il lui fit de grands signes, joua de ses mains comme un prestidigitateur en montrant quatre doigts, de telle sorte que le confiseur comprit la hâte de son client. Il ne tarderait pas à lui envoyer le ballotin de quarante chocolats assortis. Tout à fait convaincue qu'il s'agissait là de son argent, la mémé aux breloques remit à Jacko le précieux bracelet. Notre larron disparut ainsi de la circulation avec le bijou de 40.000 dollars, mais sans son ballotin de chocolats.

Dino et l'oncle Luca se sont tordus de rire comme les vieux bossus qu'ils étaient devenus, tandis que tonton et moi faisions semblant de trouver ça rigolo en faisant "cheese". C'est de l'humour du Far West, ça.

L'enlèvement de Zapinette

Comme Tonton ne parvenait pas à entrer sa grosse clé dans la serrure, et comme j'en avais marre d'attendre, j'ai fait le tour du pâté, et c'est là que ça s'est passé. J'ai senti une main se plaquer contre ma bouche, puis je suis tombée dans les pommes. Pas de frousse, je n'en avais pas le temps. Non, on m'avait bel et bien chloroformée, comme Tintin à Chicago.

Le lendemain matin ou vers midi, je ne sais plus, je me suis réveillée dans un lit aux draps de satin rose, au milieu d'une chambre très claire en angle, pleine de peluches. Un gros pandounet qui avait ma taille se tenait près de l'une des trois fenêtres, comme pour faire le guet. Puis, quand je me suis rendu compte qu'on m'avait enlevée, j'ai eu une souris dans la gorge, mais elle est bien vite partie et je n'avais pas du tout envie de pleurer, comme ç'aurait été normal dans un cas pareil. Je me suis alors levée et me suis approchée de la grande fenêtre. En tirant les jolis rideaux fleuris, j'ai rugi de surprise comme une lioncelle en cage :

Manhattan s'étendait devant moi comme sur un écran géant Miramax avec les ponts qui nous séparaient et le bord des quais couverts d'un mince voile blanc car il avait neigé durant la nuit. Au moment où mon ventre commençait à gargouiller, on a frappé à la porte.

Lorsqu'elle s'est ouverte, j'ai vu un vieux couple chinetoque accompagné d'un garçon de mon âge, lui, chinetoque à moitié seulement, l'autre moitié black ou hawaiien – je ne suis pas sûre. Je croyais que j'allais retomber dans les vapes. Le garçon s'est avancé vers moi et m'a tendu la main en se présentant dans un français haché mais qui n'était pas du tout petit chinois :

"J'apprends la langue de Molière à l'école bilingue depuis que j'ai neuf ans. Je m'appelle Charlie-Kéa Chang et je suis ravi de faire ta connaissance. Voici mes grands-parents. Ils parlent très peu l'anglais et encore moins le français, mais te souhaitent la bienvenue parmi nous. C'est à cause de moi que tu es ici. Mes parents et ma sœur jumelle sont morts dans un accident d'auto l'été dernier en revenant de Buffalo où ils venaient de passer quelques jours chez mon oncle Chu."

Au fur et à mesure que le garçon parlait – il articulait ses mots très distinctement, en faisant "han han" à la fin de chaque phrase, pour s'assurer que je le suivais bien –, mes yeux s'écartelaient* et j'ai soudain compris pourquoi mes jambes se remplissaient de coton et ma cervelle de marmelade, malgré le fait que je devais avoir dormi au moins douze heures : ce Charlie-Kéa était mon portrait craché, mais en jaune marron. Cette découverte m'a fait péter en catimini, genre Rouletabille, c'est-à-dire pendant deux bonnes minutes, sans relâche, j'espère seulement qu'ils n'ont rien entendu, ç'aurait été le comble. Voilà autre chose, j'ai de la famille à Shanghaï et à Tombouctou maintenant. Faut croire qu'on descend tous du singe.

"C'est chez Bloomingdale's que je t'ai aperçue. J'accompagnais mes grands-parents pour les achats de fin d'année et dès qu'ils t'ont vue, nous nous sommes fait la même réflexion. Nous t'avons fait suivre, toi et ce monsieur qui t'accompagnait, par le cousin Lee. C'est lui qui est allé te chercher hier soir pour t'emmener dans notre maison, ici, à Staten Island. Tu es mon cadeau de Noël."

Je me demandais si je n'étais pas tombée dans une bande dessinée ou à travers le trou d'une aiguille, et au lieu de me fâcher comme une belzébutte, je lui ai chochoté :

"Mon oncle va ameuter tous les flics de New York, ainsi que les hôpitaux et les asiles psychiatriques. Puis, il va avertir ma mère et elle le tuera."

Ma remarque a fait sourire le pépé et la mémé chinetoques, même s'ils ne semblaient rien comprendre. Leurs petits yeux de tapir se plissaient doublement. Ils devaient me trouver mignonne, ou peut-être croyaient-ils que leur petite-fille était ressuscitée en Blanche-Neige, sans les nains.

Et Charlie-Kéa a poursuivi : “Cousin Lee est retourné mettre un mot sous la porte de votre loft en disant que tu étais en sécurité, qu'il n'y avait rien à craindre et qu'il ne fallait surtout pas appeler la police, car ce serait la catastrophe pour tous. Il a même écrit que tu appellerais le monsieur cet après-midi pour lui expliquer la raison de ta présence ici.”

C'est bizarre, mais ce Charlie-Kéa me rend douce comme une agnelle, alors que si ç'avait été un autre garçon je serais dans tous mes états et je lui aurais fichu un gnon, devant son pépé et sa mémé qui, eux, ne cessent de m'observer en faisant de temps en temps des petites courbettes, malgré leurs petons de marionnette. Est-ce que c'est parce qu'il me ressemble vachement ? Je n'avais jamais pensé à un sosie, et moins encore au fait que je tomberais peut-être un jour nez à nez avec lui. Un sosie zyeux bridés ! Et pas moche, avec ça. Mais quelle aventure abricot-brigand*, personne ne va me croire.

Pour le déjeuner, la mémé nous a préparé des rouleaux de printemps et de délicieux raviolis à la vapeur. Je me suis resservie de dim sum au porc, mes favoris. Puis on a eu un plat de crevettes à la sauce tomate, avec du riz croquant et, enfin, du poulet chop suey. Je n'avais pas assez de babines pour me lécher, tellement c'était bon – faut dire que c'est des émotions comme ça qui ouvrent deux fois l'appétit. Au dessert, j'ai eu droit à trois énormes boules de glace, aux fruits de la passion, à la mangue et au nougat de Barbarie.

Entre nous, j'ai comme l'impression que ces gens m'ont hypnotisée, car je n'ai aucune envie de me révolter ni même de courir retrouver mon tonton. D'ailleurs, lorsque je l'ai appelé, comme convenu, le pauvre m'a dit, en bégayant comme un vieux perroquet n'ayant plus toute sa langue, qu'il n'avait pas fermé l'œil de la nuit et qu'il était resté collé au téléphone, avec des grenouilles plein le ventre. Qu'il était si heureux de m'entendre et de me savoir saine et sauve. Il m'a ensuite demandé si on ne m'avait pas fait des choses. Je lui ai demandé, soi-disant innocemment, qu'est-ce qu'il voulait dire par là.

"On t'a pas vi … vi … violée ?" qu'il m'a fait tout de goal*. Les adultes sont vraiment obsédés.

"De toute façon," je lui ai répondu, "je ne me serais pas laissée faire, et puis, Charlie-Kéa n'a pas l'âge de ces sornettes, son pépé et sa mémé, non plus, car ils sont bien trop vieux et ont d'autres chats à fouetter." Je lui ai dit de pas se faire de souci pour moi, surtout que j'étais traitée comme un coq en pâte, mais étant donné qu'il continuait de me poser des questions à dormir debout, je lui ai suggéré d'aller prendre un peu d'air (même s'il fait glagla en ce moment) et que je le rappellerais régulièrement. Il a voulu savoir quand je rentrerais. Alors, je me suis énervée et lui ai répondu : “D’abord, tu n’en souffles pas un mot à maman, ni à Pierrot, ça pourrait les trop matizer”, en ajoutant qu’il était bien impatient, puisque je venais à peine d’être kidnappée et que mes ravisseurs ne lui réclameraient aucune rançon, sachant à quel point il est pingre. Pour l’apaiser, je lui ai dit qu’ils n’avaient rien à voir avec les Tout-à-trac marrons* qui voulaient faire leur fête aux invités de l’Ambassade du Japon au Chili, même si, à la fin, les rebelles ont été descendus comme des lapins. Je lui ai alors expliqué que Charlie-Kéa était mon sosie sciatico-hawaïen*, et qu’il avait perdu ses parents et sa sœur jumelle dans un terrible accident de voiture. Comme il recommençait à flipper, je lui ai conseillé de revoir Mel, Kate et Zac, en leur racontant ce qui m’était arrivé, car eux sont tellement hors norme-homme-femme-et-troisième-sexe qu’ils ne s’en formaliseraient pas. Puis, je me suis rendu compte que j’étais allée trop loin et que je le jetais dans la gueule du loup, ou plutôt dans celle de Zac.

Il manquerait plus qu’ils s’amourachent l’un de l’autre pendant mon absence.

Charlie-Kéa m’a montré un album de photos de sa famille rapprochée. C’était sa mère qui était hawaïenne et elle avait un très joli visage avec de longs cheveux bleu-nuit, malgré ses nénés qui pointaient vers le ciel comme deux petits obus. Son père faisait plutôt piquet de grève et ressemblait à Fernandel version sciatique*, car il avait des dents de cheval qui dépassaient même lorsqu'il avait le bec cloué. Sa sœur, qui s'appelait Pearl, était assez mignonne et portait des tresses lui tombant presque à la taille, mais le plus étrange dans cette histoire est qu'elle avait l'air d'une parente éloignée alors que moi, je ressemble beaucoup plus à Charlie-Kéa, en plus rosé. Mystère et chewing-gum.

Tout à coup, moi qui n'ai jamais connu mes grands-parents, je regarde mémé et pépé Chang d'un œil jaune d'œuf – pas de trop près, parce que les familiarités c'est pas mon genre – et pousse un soupir de souris, car j'ai vu leur manège à ces deux p'tits vieux qui apparaissent et disparaissent comme des djinns, tantôt l'un, tantôt l'autre, tantôt ensemble. Ça crève les yeux, et ils ont beau faire moules et crevettes, même sans entrechats, ces gens-là n'ont qu'une idée en tête, me garder avec eux. Ils s'imaginent peut-être que je vais apprendre le chinois pour qu'on fasse la causette.

Mais qu'est-ce qui m'arrive, à moi, la féministe invertébrée, la digne héritière de ma mère, Zapinette-la-terreur, comme m'appelle parfois tonton Albéric ? Je suis devenue comme un ordinateur-robot, j'enregistre tout dans mes méninges et laisse venir les choses sans réagir. Est-ce que je ne commencerais pas à devenir une sciatique à mon tour ? Je suis peut-être en train de me faire bouffer mon âme de petite Française et de me laisser mener à la baguette, même si je n'ai pas encore appris à les utiliser pour manger comme eux.

La nouvelle famille... chinetoque

Voilà deux jours et demi que je suis chez les Chang et il me semble que cela fait deux mois, tellement je m'entends bien avec CK. C'est lui qui m'a demandé de l'appeler par son sot briquet, moi, il m'appelle Zapie, ça fait un peu nunuche, mais je ne veux pas l'offenser. Nous jouons à toutes sortes de jeux ensemble, au Monopoly, aux dames et même aux cartes, alors que je n'y connaissais rien, parce qu'en plus, il m'apprend un tas de choses, comme des tours de magie et des formules barbares. Bien sûr, je lui ai dit que mes jeux préférés étaient les jeux vidéo et nous faisons des matches sur son PC, avec Prince of Persia, Mandrake ou City Budget, ce dernier est un de mes favoris, car on doit construire une ville à partir de zéro, en étant à la fois urbaniste, architecte et entrepreneur, puis on crée des catastrophes naturelles ou des incendies, à la suite de quoi il faut appeler soit les pompiers soit la brigade criminelle. On peut même faire intervenir des monstres qui ravagent tout sur leur passage, et là, c'est le pied, surtout quand, après, on largue des bombes depuis les hélicoptères de l'armée sur ces bébêtes à cornes qui te font alors des beuglements mastroianniques* que je n'imiterais pas devant toi – tu me prendrais pour une débile.

CK est très fier d'être à la fois américain et chinois-hawaïen. Quand je lui ai demandé s'il ne préférait pas être avant tout yankee, étant donné qu'ils étaient la première puissance de la terre, il m'a dit que non, surtout que l'avenir était tourné vers le Pacifique et que la Chine bénéficiait de la plus vieille civilisation du monde. J'en suis restée baba sourde* car, moi, au début, j'insistais sur le fait que j'étais française pur Boursin – ici, c'est un fromage très apprécié, surtout accompagné de Beaujolais nouveau ou de Perrier à la citronnelle.

Du coup, je lui su-sucre du bout de la langue que ma famille est un peu d'origine italienne, surtout du côté de mon oncle.

CK m'a félicitée. Comme je ne comprenais vraiment pas pourquoi, il m'a dit que c'était les Italiens, grâce à Marco Polo, qui avaient introduit les nouilles en Occident et que la cuisine française qui est, selon lui la meilleure du monde avec la chinoise (tiens, première nouvelle), dérivait de la cuisine italienne, et que la pizza était un de ses plats préférés avec la soupe à l'oignon. Et il a commencé à m'énumérer un tas de spécialités, tellement que j'en ai presque eu des nausées, et lorsque mémé Chang est venue nous offrir des Krou Pouk – ces chips à la crevette qui te grignotent la langue lorsque tu les mets en bouche et dont je raffole en temps normal – j'ai dit non merci. Faut dire qu'ici, en Amérique, on adore mélanger les recettes de différents pays. C'est comme ça qu'il existe des pizzas au thon ou à la saucisse de Francfort, de la gélatine de fraise, des spaghettis au beurre de cacahuète et d'autres plats que je ne te recommande pas. Il y a même des restaurants à New York qui servent du serpent en fricassée à la place du poisson, des biftecks de singe et des fourmis au sucre candi, qu'on croque comme amuse-gueule.

Ce mec, je t'assure, n'est pas ordinaire, je crois même, qu'en plus d'être surdoué, il est doté de ESP, qui veut dire "extra luciole"* en français, sauf qu'il n'est pas fluorescent : il semble lire dans mes pensées et n'est jamais surpris lorsque je lui réponds. C'est gênant, car je ne voudrais pas qu'il sache trop que je le trouve minouche, ça lui gonflerait les oreilles. Lui prétend qu'il a retrouvé en moi sa sœur, version française. Entre les demis, les vrais et les faux frères et sœur, j'en ai trois, maintenant, et j'ai du mal à circuler, moi qui était si fière d'être un enfant unique, avant l'arrivée de Pierrot, et surtout celle de la deuxième fille de mon père, l'Amazonard. Je dois m'y habituer, parce que quand on est plusieurs, on n'est pas aussi gâté que lorsqu'on est seul. D'ailleurs, ma mère fait beaucoup moins attention à moi depuis qu'il y a Pierrot, heureusement que je l'aime bien, parce qu'il y a de quoi piquer des crises de jalousie.

Avec CK, ce n'est pas du tout la même chose, même s'il a mon âge, c'est comme un grand copain. Et puis, je n'ai jamais envie de me disputer avec lui.

Sur Internet, CK a des correspondants aussi bien à Paris qu'à Los Angeles, à Honolulu qu'à Shanghaï. Ils s'envoient des courriers électroniques et se transmettent des URL – ça n'a rien à voir avec les hurluberlus, même s'il y en a un tas sur le Web, ni avec les hurlements de Mandrake. Ce sont des sites qu'on peut visiter. Ainsi, il m'a fait découvrir la plus grande ville de Chine, d'où ses grands-parents sont originaires, mais que eux ne reconnaîtraient pas, tellement il y a eu des changements. Il m'a dit que Shanghai était aujourd'hui le plus grand chantier de la planète et que nulle part ailleurs il n'y a eu un tel progrès en si peu de temps. Il faut le voir pour le croire, même si c'est du virtuel. Ils ont des McDo immenses, avec plus de caisses que les guichets de la gare Montparnasse, des supermarchés Carrefour qu'on pourrait parcourir en rollers et des buildings qui poussent comme des champignons, même au milieu de la nuit, parce que les Chinois estiment qu'ils ont tellement d'années à rattraper qu'ils vous mettent des équipes tournantes 24 heures sur 24 partout, j'allais dire comme les fourmis, mais les fourmis, elles, ne travaillent que la journée. Si on proposait ça chez nous, pour éliminer le chômage, il y aurait la révolution bis.

Le regard de CK brillait tandis qu'il me montrait toutes ces images, ces clips et ces animations – il y avait des défilés de mode avec des mannequins, toutes plus belles les unes que les autres, et toutes zyeux bridés.

Mais quand il m'a annoncé : "Dans quelques années, nous serons les plus forts. Et les Occidentaux n'auront qu'à bien se tenir." Je l'ai fixé avec des petits yeux de belette et lui ai chochoté : "La Fran ... la France aussi ?" Il m'a répondu que oui, à moins que l'Union Européenne ne fasse vraiment un énorme effort, au lieu de toujours frimer et de vouloir diminuer le temps du travail, en ajoutant que c'était des méthodes de fainéants.

Puis, je lui ai dit : "Mais tu es aussi américain, non ?", parce que je commençais à perdre mon latin avec toutes ces chinoiseries. Et il a rétroqué que si, bien sûr, mais que les États-Unis devraient, s'ils ne voulaient pas être balayés par la plus formidable lame de fond de tous les temps, s'allier à l'Empire du Milieu, car la Chine serait le vrai centre du monde, comme son nom la prédestinait.

Et alors, pour la première fois depuis mon kidnapping, je me suis sentie piégée car, tout à coup, dans son visage, je retrouvais mon air de bouledogue aux oreilles qui se dressent, comme lorsque je veux faire entrer quelque chose dans la caboche de mon tonton et qu'il fait celui qui ne comprend pas. Puis, il m'a souri et alors je me suis détendue, mais pas pour longtemps, car il m'a aussitôt proposé de m'apprendre le mandarin, pour qu'un jour, "nous puissions découvrir ensemble la Chine."

CK doit être un peu télépathe sur les bords, car il m'a su-sucré que, contrairement à l'Europe et aux États-Unis, la Chine avait beaucoup moins de problèmes de minorités, et qu'elle les règlerait assez rapidement, au fur et à mesure que la population s'enrichirait et que le pays gagnerait en puissance, ce qu'elle fait à la vitesse d'un TGV à réaction. C'est alors qu'il m'a raconté comment les Ricains avaient maltraité les Chinois dans le passé. D'abord, ils faisaient venir des coolies de Hong Kong et de Canton par bateaux entiers – ils n'avaient rien de cool, les pauvres, et ils descendaient encore moins de King Kong – pour les mettre dans la construction des chemins de fer ou les forcer à descendre dans les mines où ils devenaient tout noirs de suie, ainsi on ne faisait plus de différence entre eux et les pôv esclaves importés d'Afrique. C'est sans doute pour cette raison que les blanchisseries zyeux bridés pilulent* dans le pays, aujourd'hui. Puis, quand on s'est rendu compte qu'ils se multipliaient comme des lapins, l'oncle Sam – pour les nuls en histoire, il s'agit du sot briquet du gouvernement fédéral – a promulgué une loi spéciale interdisant l'entrée des Chinois en Amérique.

CK m'a montré, en cliquant sur le site de la Bibliothèque du Congrès sur le Web, des caricatures anciennes représentant ses aïeux dans des situations pas flatteuses du tout. Il y en avait une avec un Mandarin en costume traditionnel, natte et pantoufles de satin, en train de bouffer un rat, et la légende disait : "Débarrassez le pays de cette vermine !" Dans une autre, l'oncle Sam est pris en sandwich entre un chauve à nattes et un Iroquois à plume, et ils sont en train de le grignoter par les deux bouts. Sur la troisième photo, il y avait un revolver surmonté de deux petites figurines qui se suivaient, un bonhomme en veste de chasse et le second portant une longue robe, et lorsqu'on appuyait sur la gachette, le blanc-bec bottait les fesses de celui qui était devant lui.

Quant aux Hawaïens, bien des années après le passage du capitaine Cook, qui appela ces îles les îles Sandwich, ils reçurent la visite de missionnaires yankee. Ceux-ci trouvèrent leurs cocotiers, leurs plages et leur reine Lili Koku quelque chose tellement à leur goût, qu'ils déposèrent celle-ci vite fait bien fait, pour créer la première république ananassière du Pacifique. Comme il n'y avait pas assez de Polynésiens sur qui ils pouvaient casser du sucre – ces derniers, les pôv crevaient comme des mouches à cause de toutes les maladies sessuelles que les blancs emmenaient avec eux dans leurs bagages – les missionnaires ont commencé à importer des coolies, aussi bien de Chine que du Japon, les obligeant à travailler dans les champs de canne à sucre.

Moi, si j'avais toutes ces origines, je me sentirais comme un patchwork ambulant, déjà que je préfère oublier mon côté rital, surtout lorsque le tonton se met à me baragouiner en italien dans la rue à Paris pour faire son intéressant. Mais Charlie-Kéa Chang, lui, paraît tout à fait à l'aise dans l'exercice de ces fonctions. Il zappe d'une nationalité à l'autre comme moi je zappe à la télé. Tantôt, il est Américain pur ketchup, pour tout ce qui touche aux sciences, à l'informatique et aux jeux vidéo, en passant par les films avec Tom Cruise, Schwarzie, Richard Gere, Demi Moore et Kim Basinger, ses femmes idéales, mais aussi pour les basquettes Nike et les jeans 501, tantôt, il préfère être chinois, pour la bouffe, les paravents laqués (avec ou sans canard) et les gadgets pas chers – il m'a fait remarquer que toutes les calculettes, mini-télés et jouets électroniques sont *made in China* et que les trois-quarts des produits courants que nous utilisons déjà, comme les vulgaires assiettes en carton, les couverts, les raquettes de tennis ou de ping-pong, etc. le sont aussi, eh ben, ça promet, à quand le roquefort chen fui cheu et le bordeaux du Yang Tsé Kiang ?

Ce mec m'épate avec toutes ses turlupineries savantes, au point que j'ai presque oublié l'existence du pôv tonton. C'est fou comme on peut s'habituer à une nouvelle vie. Il faut absolument que je le rappelle comme convenu, sinon il croira qu'on m'a coupée en menus morceaux et donnée en pâture aux bêtes fauves du zoo du Bronx.

À propos de bestioles, CK et moi avons vu un documentaire sur les hippocampes. tu ne le croiras pas, mais ce sont les mâles chez eux qui tombent enceints, en portant les œufs dans leur ventre. Et quand ils accouchent, les bébés s'éjectent par là où je pense, comme des projectiles. C'est ce qu'on appelle une entrée en matière et-pousse-ton-flan-que-je-m'y-mette. Puis le papa doit les protéger afin que les poissons ne les croquent pas, parce qu'au fond de la mer, c'est encore plus la jungle que dans la forêt tropicale, vu que dans l'eau on peut moins bien se cacher. Ils sont tout de même curieux ces animalcules, on dirait des petites sirènes philosophiques à tête de cheval ratatinée. Lorsqu'ils vous fixent, en se tortillant comme des tagliatelles au pistou avec leurs yeux tout ronds et larmoyants, ils donnent l'impression qu'ils veulent vous révéler un secret, quelque chose de pas très rassurant. Puis, lorsqu'ils voient que tu ne leur prêtes aucune attention, ils filent ailleurs. Je me demande si les Chinois utilisent ces pôv choux dans leur cuisine, comme friture avec leurs nouilles sautées, parce que tout y passe chez eux, du serpent en papillote aux côtelettes de chimpanzé. Pas qu'en France on soit plus gentil avec les escargots (miam, miam, surtout à l'ail) et les grenouilles (beurk), c'est bien pour ça qu'on nous appelle des *froggies*. Ça vaut quand même mieux que d'être pris pour des sauterelles – y en a qui les bouffent grillées à la place des cacahuètes – faut vraiment être pair vert*.

Il y a quelque chose qui m'inquiète, c'est la première fois que ça m'arrive, je crois que je suis en train de ... tomber amoureuse. Te fous pas de ma poire ou je m'arrête. Ben, comme je le disais, plus je fixe Charlie-Kéa, plus j'ai l'œil qui pétille, tellement, qu'il m'a demandé si j'allais bien, si je n'avais pas un peu de fièvre. "Non non" que j'ai répondu, "ce doit être l'air de New York qui m'éclaircit la vue", n'importe quoi, mais j'avais rien d'autre sous le coude. Et t'imagine pas des saloperies de bas quartiers, hein, parce dans mon cas, ça n'a rien de sessuel. C'est plutôt de la narcisserie*, car lorsque je le regarde du coin de l'œil c'est moi que je vois, et ce que je vois me plaît assez. Jamais je n'aurais pu imaginer une chose pareille, c'est presque un conte de fée. C'est lui qui m'a repérée chez Bloomingdale's. Il prétend que ces choses-là sont écrites et que lorsqu'on en prend conscience, il serait bête, voire criminel de ne pas saisir l'occasion. C'est comme des pièces d'or qui te tombent dessus et tu n'as qu'à te baisser pour les ramasser.

N'empêche que ça se fait pas de kidnapper une petite fille dans un pays étranger, sans prévenir personne. En plus, je ne sais pas de quoi a l'air le fameux Cousin Lee, celui qui m'a chloroformée, puis transportée jusqu'ici. Il doit trafiquer un tas de choses à Chinatown. J'espère seulement qu'il ne deale pas dans les drogues dures et qu'il fout la paix aux mômes. Qui sait, c'est peut-être un tueur à gages.

Oh là là, ces déséquilibrations du cerveau commencent à me donner le tournis, faut que je cesse de fantasmer.

Les chinoiseries continuent

J'ai vaguement l'impression que Charlie-Kéa, tout en se montrant le plus doux des bichons, est en train de me faire un sacré lavage de cerveau, et le pire est que je le laisse me baratiner sans broncher. Je te l'ai dit qu'il m'ensorcelle, ce mec. Il répète, depuis cet après-midi, que les Occidentaux, et les Américains en tête, croient avoir tout inventé rapport à la technologie moderne et au progrès scientifique. Bernique, il paraît qu'au moins la moitié de ces découvertes viennent de Chine, du temps où les Gaulois jouaient encore à Astérix et bouffaient du sanglier cru. Et il m'a dressé une liste farineuse qui comprenait le papier-monnaie, les échecs, les cartes à jouer, les feux d'artifice, la poudre à canon, la montre, l'imprimerie, le cerf-volant, les allumettes, le parapluie et même le whisky, qui n'est pas du tout écossais. Je passe sur les découvertes qu'ils ont faites dans le domaine de l'astronomie, de la médecine ou des maths.

Et si tu croyais que les cerfs-volants étaient de délicats jouets inoffensifs, tu te mets le doigt dans l'œil. Les Chinois les utilisaient comme tracts en temps de guerre ; ils les couvraient d'idées au gramme* et les envoyaient à leurs ennemis pour les instruire en erreur* ou alors ils avertissaient les prisonniers de leur propre camp par des signes cowboy-et-loustics* de leur prochaine libération, pour qu'ils ne perdent pas le moral, malgré les tortures qu'ils subissaient. Je ne l'ai pas dit à CK, pour ne pas l'offenser, mais les arrachages d'ongles et les chatouillements qui te rendent dingues, surtout sous la plante des pieds, en passant par la cul poncture* sont aussi des inventions chinoises pas très reluisantes.

Sur le chapitre de l'art de la guerre, Charlie-Kéa m'a fièrement appris que les fameux missiles Exocet utilisés par les Américains durant la Guerre du Golfe contre l'Irak avaient pour précurseurs les fusées à étages du 14e siècle, baptisées "dragons de flammes bondissant de l'eau". Il m'a aussi montré une pièce d'artillerie médiévale nommée "lanceur de feu à coup de tonnerre roulant dans le ciel", ça s'appelle de la poésie balistique. Mais cette pièce tirait des obus fumigènes empoisonnés d'une dégoûtantouse inouïe, et ça n'avait rien de poétique, tu peux me croire. Lorsque Charlie-Kéa s'est rendu compte de la saleté qui était décrite, avec dessins et croquis à l'appui, il a cliqué rapidement sur “Retour au Sommaire”, mais j’avais eu le temps de lire de quoi étaient faites ces bombes : il y avait de la poudre à canon, de l’arsenic, sans les vieilles dentelles, mélangés avec des excréments humains, séchés, pilés et tamisés, de l’aconit (je ne sais pas de quelle connerie il s’agit là), de l’huile de croton – un genre de diarrhée –, des paquets de mouches cantharides – traduis : mouches à merde –, de la cire jaune à base de pisse de sorcière et diverses autres huiles dont je n’ai pas retenu les compositions, sûrement plus puantes les unes que les autres. Tout ce fatras était ensuite écrasé et bouilli pour former d’épaisses masses compactes. L’ennemi recevait ces bombes à merde en pleine tronche et elles se désintégraient en miettes sur les alentours et enflammaient tout sur leur passage. Ils avaient même des ventilateurs en bois qui soufflaient la fumée et les flammes pour que rien ni personne ne soit épargné. Rien qu’à imaginer ces ordures volantes et pétaradantes me donne envie de vomir. C’est sans doute de là que vient l’expression américaine : “when the shit hit the fan”.

Heureusement, pour changer d’atmosphère, Charlie-Kéa m’a montré, toujours sur Internet, des maquettes de jouets datant du 4e siècle après Jésus-Christ, comme la “libellule de bambou” qui possédait un axe, autour duquel était entourée une corde, avec des petites pales placées de côté. Il suffisait de tirer la corde pour que la "libellule" s'élève dans les airs. Ce n'est qu'en 1800 et quelques qu'un Anglais, George Cayley, l'un des pionniers de l'aviation moderne, a pensé à construire un hélicoptère en découvrant ce jouet.

CK prétend que Léonard de Vinci, dont la Joconde au Louvre était en réalité une drague-queen de l'époque, et pas du tout une femme enceinte au sourire magnétique, avait copié la plupart de ses inventions sur les Chinois. Idem pour le parachute, la mongole fière* et les voiliers à roulettes que les beaufs californiens, tout nus (ou presque) et tout bronzés, lancent en surfant sur les plages du Pacifique.

Les cloches de nos églises, c'est soi-disant aussi une invention chinetoque datant du 5e siècle avant Jésus-Christ. Faut quand même pas pousser, hein, et la navette spatiale Discovery, c'est quoi, un papillon galactique à puces ? Et le TGV, une chenille péteuse, que les mômes zyeux bridés lançaient à plein gaz ?

CK m'a l'air plus qu'un tantinet chauvin côté chinoiseries parallèlépipèdes. Mais, contrairement à ce que tu croirais, il ne m'est pas du tout antipathique. Peut-être même que je suis déjà convertie, comme dans une secte, et qu'il est devenu mon loup gourou*, et moi son p'tit chaperon rouge. Ce doit être ça l'amour, quand on perd les pédales et qu'on laisse l'autre faire n'importe quoi en trouvant tout ça génial même quand c'est de la gnognote. Ça me donne parfois des bouffées de chaleur, et je sens mes oreilles rougir. Lui – j'allais ajouter "heureusement" –, mais ça ne me fait pas nécessairement plaisir, continue de me traiter comme sa petite sœur. Qu'est-ce qu'elle va penser la pôv Pearl qui doit se trouver en ce moment dans le quartier chinois du Paradis, entourée de petits bouddhas souriants et grassouillets, de paons faisant la roue et de dragounets bienveillants ?

À sa place, je serais folle de jalousie, surtout qu'elle, si c'est vrai que les âmes ne meurent jamais et se baladent au-dessus de nous, a dû remarquer mon attitude.

Peut-être que Pearl et moi pouvons devenir copines, au lieu d'être rivales, mais comment faire pour entrer en relation avec elle ? Je ne vais tout de même pas aller chercher Madame Soleil. En plus, ici à New York, je ne saurais pas comment m'y prendre.

Tout à coup, je réalise quelque chose qui jusqu'ici ne m'avait même pas effleurée : je suis une otage consentante. Là, je devrais en vouloir un petit peu à tonton Albéric, car s'il savait mieux ouvrir les serrures des portes, je ne serais pas allée faire le tour du pâté et le cousin Lee ne m'aurait pas trouvée pour me chloroformer.

Lorsque j'apprenais par la télé, par exemple, que des terroristes détournaient un avion ou qu'ils kidnappaient des gens, je souhaitais qu'on les attrape et qu'on les exécute vite fait bien fait. Et je ne comprenais pas du tout que, parfois, l'une ou l'autre victime, une fois libérée, fasse des compliments sur ces bandits. Je me disais qu'elles devaient être sans doute droguées ou alors qu'elles avaient complètement perdu la boussole. Et bien moi, je n'ai pas du tout envie de dénoncer Charlie-Kéa, ni ses grands-parents, d'ailleurs, même s'ils restent comme des momies devant moi et que je ne sais pas ce qu'ils pensent. C'est le mystère sciatique ça.

Je ne sais pas si ce que je te raconte est un rêve ou si je suis déjà passée dans la cinquième dimension de Luc Besson. En tout cas, voici ce qui m'est arrivé. Charlie-Kéa m'a emmenée à Chinatown dans une salle de gym. Là, j'ai vu pour la première fois mon ravisseur, Cousin Lee, qui s'entraînait au kung fu. Il était baraqué comme une armoire à glace, avec des biceps qui ruisselaient comme s'il venait de plonger dans de l'huile d'olive. Fallait voir comment il traitait ses adversaires, les balançant sur le tapis comme de vulgaires carpettes ou les faisant valdinguer de l'autre côté de la salle, pareils à des carcasses d'oiseaux préhistoriques sans ailes. Il en a éliminé ainsi une demi-douzaine. Heureusement que tonton Albéric n'était pas près de moi quand Cousin Lee m'a chloroformée, il l'aurait réduit en homme-caoutchouc ou, pire encore, en hachis Parmentier.

Après le match, Cousin Lee est venu me faire la bise en me soulevant comme une plume et m'a appelée Cousine Zapinette. Là aussi, j'étais désarmée, non pas à cause de sa force physique, mais par sa gentillesse. Puis, nous sommes tous allés à son restaurant, car Cousin Lee est aussi chef cuisinier.

Tandis que nous dégustions un canard laqué aux cinq parfums divins, avec du riz cantonais et des asperges, la porte d'entrée s'est ouverte avec grand fracas. Deux flics sont apparus, accompagnés de tonton Albéric, de Kate et de Zac.

"Les mains derrière la tête, tout le monde !" a crié le plus gros des deux, en pointant un flingue dans notre direction, et à cet instant-là, j'ai senti les bras de Cousin Lee se plaquer en bouclier sur ma poitrine. L'autre flic s'est alors approché de nous en catimini, mais, je ne sais pas comment, Cousin Lee a réussi à lui faire une de ses passes de kung fu, dont il a le secret, tout en me gardant serrée contre lui et l'a envoyé bouler contre son supérieur. Le gros flic a perdu l'équilibre et a laissé glisser son arme à terre. Mais avant que Cousin Lee n'ait le temps de s'emparer de l'arme, trois autres flics ont fait irruption dans le restaurant.

Quand je les ai vus mettre des menottes à Cousin Lee, à Charlie-Kéa et aux pôv pépé et mémé Chang, j'ai hurlé : "Mais vous n'avez pas honte ! Ces gens ne m'ont rien fait de mal." Puis, pour faire comme Jeanne d'Arc, je leur ai dit : "si vous les foutez en tôle, moi, j'y vais aussi, car ils sont devenus ma famille."

Tonton Albéric n'en croyait pas ses oreilles écarlates, ni Zac d'ailleurs, mais Kate m'a fait un petit clin d'œil, entre féministes.

Durant le procès, j'ai répété que ma nouvelle famille américano-chinoise, c'étaient eux, et que je m'appellerais désormais Zapinette Villiers-Chang, ils n'avaient qu'à voir comment Charlie-Kéa et moi nous nous ressemblions. Comme c'était indéniable, le jury les a acquittés et moi, je suis devenue franco-yankee. Bien sûr, je ne leur ai pas dit que j'étais amoureuse de mon sosie et que, plus tard, je comptais bien l'épouser, surtout qu'entre nous il n'y a pas de risque d'insecte*, puisqu'on n'a pas les mêmes ancêtres – ça, c'est l'avantage des sosies. Lui fait toujours semblant de ne pas avoir compris, mais ce n'est pas à un singe qu'on apprend à faire des galipettes. Je devrais apprendre la sagesse orientale, moi qui suis la plus impatiente des félines, mais je ne me vois tout de même pas devenir comme mémé Chang qui passe son temps entre risettes et courbettes, je pèterais les plombs après une heure de ce régime.

Épilogue

Cette dernière partie de mon histoire s'appelle un épi-logue*, je me demande pourquoi, d'ailleurs, étant donné que ma vie ne fait que commencer, mais c'est la littérature qui veut ça. Peut-être que j'écrirai d'autres mémoires dans l'avenir, si je ne tombe pas complètement amnésiatique.

Lorsque nous sommes rentrés en France, tonton et moi, et que nous avons appris à ma mère ce qui nous était arrivé, elle s'est affolée. Déjà qu'elle trouvait la compagnie de Mel, Kate et Zac plutôt louche – surtout qu'aucun des trois n'est rentré dans les rangs –, mais quand je lui ai dit que, désormais, j'avais aussi une famille de l'autre côté de l'Atlantique, elle a carrément beuglé : "Toi avec des chinetoques ! Ça ne suffit pas qu'ils nous aient envahi économiquement, tu veux maintenant me les imposer à la maison !"

J'ai essayé de la raisonner, avec l'aide (pas très convaincante) de tonton qui, lui, pense surtout à Zac et à ses racolages. Mais lorsque je lui ai passé Charlie-Kéa au téléphone et qu'elle a entendu comme il parlait bien le français, elle a eu la berlue et est restée le bec dans l'eau. Je lui ai ensuite dit que le nouveau gouvernement et le Ministère de la Francophonie en tête, seraient heureux de ce rapprochement des relations entre la France, les États-Unis et la Chine. Ma mère a su-sucré quelque chose qui ressemblait à... du chinois. Je pense donc qu'elle a accepté l'idée, mais il faut lui laisser le temps de digérer la nouvelle situation. Dans mon prochain bouquin, tu connaîtras (peut-être) la suite.

Lexique

P. 7. Et-pousse-ton-flan = époustouflant.

P. 8. Kipluzè = qui plus est.

P. 8. Cafard-né-homme = capharnaüm : endroit très encombré et en désordre.

P. 9. Ça l'estazie = il s'extasie.

P. 9. Verre solidaire = ver solitaire.

P. 9. Hurleur de la berlue = hurluberlu : personne étourdie qui se comporte avec extravagance.

P. 11. Depuis belette = depuis belle lurette : depuis bien longtemps.

P. 11. Rétroque = rétorque.

P. 13. Bauds : terme informatique.

P. 13. Sot briquet = sobriquet : surnom familier.

P. 13. Trop se matizer = être traumatisé.

P. 15. Chèque's Pire = Shakespeare, célèbre poète dramatique anglais, mort en 1616.

P. 15. Mot sessuel = homosexuel.

P. 15. Motte = féminin de "**mot**" (homo). Femme homosexuelle. (Voir page 57: “mots et mottes”)

P. 18. Un temps pestifs = intempestifs : gênants, malvenus.

P. 21. Voleurs à la tire-lire = voleurs à la tire : le vol à la tire consiste à tirer quelque chose de la poche ou du sac de quelqu'un.

P. 21. Stupréfaction = stupéfaction.

P. 24. Buco-alcoolos : mot-valise créé à partir de “buco” (bouche) et “alcoolos” (alcooliques) = bucoliques : qui évoquent de manière poétique la vie des bergers.

P. 25. Accent cockney : accent populaire de Londres.

P. 27. Grand du loquant = grandiloquent : qui parle avec emphase, avec de grands mots.

P. 29. Receleur sessuel = harceleur sexuel.

P. 29. Amnésiatique = amnésique : qui a perdu la mémoire.

P. 31. Pères Pélerins = Pères fondateurs de la nation américaine.

P. 31. Beurre-beurre-rythmes = borborygmes : paroles incompréhensibles.

P. 32. Chloétyrol = cholestérol : substance grasse qui se trouve dans les cellules du sang.

P. 35. "Les baudets du Ku-Klux-Klan (qui portent justement une sorte de bonnet d'âne pour qu'on ne les reconnaisse pas) continuaient de les lyncher, dans le sud des États-Unis" : le Ku-Klux-Klan est une société secrète créée en 1867 aux États-Unis. Xénophobe, elle combat surtout l'intégration des Noirs et organise à leur encontre des actes de violence.

P. 38. Curetage d'amaigrissement = cure d'amaigrissement.

P. 39. Cure-dents = récurrents : qui reviennent régulièrement.

P. 39. L'arme à l'œil = la larme à l'œil.

P. 41. Cachalots = shamallows.

P. 40. Pie-aime = p. m. (*post meridiem*, en latin) : après midi.

P. 42. Asseyaient = seyaient.

P. 43. Hors-d'œuvre = chefs-d'œuvre.

P. 51. À tout bout de chant = à tout bout de champ.

P. 54 : Poivre-et-Rôti = Pavarotti. Luciano Pavarotti est un célèbre ténor italien.

P. 54 : Kiri-té-Canoë = Kiri-Te-Kanawa, célèbre cantatrice japonaise.

P. 55. "Putas de maricones !" = (en espagnol) : "putains d'homosexuels !"

P. 57. La peau plexy = l'apoplexie : perte de connaissance brutale.

P. 58. Su-sucré = susurré. Susurrer : murmurer doucement.

P. 59. Chochoté = chuchoté.

P. 59. Mazurka = masochiste : qui aime souffrir.

P. 59. Métérosessuel = hétérosexuel.

P. 63. Hermann-freudite = hermaphrodite : être vivant qui possède des organes sexuels féminins et masculins.

P. 64. "Honey, don't be so modest !" = (en anglais) : "Chéri, ne sois pas si modeste !"

P. 64. Phare machin = Fahrenheit.
Zapinette fait allusion au degré Fahrenheit qui est une unité thermométrique différente du degré Celsius et utilisée dans les pays anglo-saxons. 212° Fahrenheit correspondent à 100° Celsius.

P. 64. Pas très vers luisants = pas très reluisantes : honteuses.

P. 65. Freedom Riders : groupe de noirs-américains luttant pour les droits des Noirs.

P. 65. Cul Cul Blancs : Zapinette fait un jeu de mot à partir du nom *Ku-Klux-Klan* pour désigner les membres de cette société secrète.

P. 65. Raciste invertébré = raciste invétéré : qui est raciste depuis longtemps.

P. 65. "Les Noirs, eux, n'avaient jamais demandé à quitter l'Afrique, ni à être embarqués de force sur des bâteaux pourris, pleins de rats et de choléra, ou à venir, enchaînés comme des bêtes, cueillir du coton sous le soleil de l'Alabama" : Zapinette fait allusion au trafic des esclaves noirs (la traite des Noirs) qui a eu lieu entre le VIe siècle et le XIXe siècle aux États-Unis : pendant cette période, des centaines de milliers d'africains ont été arrachés à leur pays pour aller travailler de force chez des propriétaires nord-américains.

P. 65. Marrons : se dit des esclaves qui se sont enfuis pour vivre en liberté.

P. 68. Nœud-nuque = eunuque : homme qui a été castré et dont la voix ressemble à celle d'une femme.

P. 70. Farineuse = faramineuse : étonnante, extraordinaire par son ampleur.

P. 73. Stragégènes = stratagèmes.

P. 73. Mastodontément = énormément.

P. 82. L'air pince-nez = l'air pince-sans-rire : un pince-sans-rire est une personne qui dit ou fait quelque chose de drôle, en arrivant à rester impassible.

P. 82. Prise un peu de court-bouillon = prise un peu de court. Prendre quelqu'un de court : ne pas lui laisser de temps pour agir.

P. 85. Mes yeux s'écartelaient = mes yeux s'écarquillaient ; mes yeux étaient écarquillés.

P. 87. Abricot-brigand = abracadabrante, incroyable.

P. 88. Tout de goal = tout de go.

P. 89. Tout-à-trac marrons = Tupamaros : groupe révolutionnaire d'Amérique Latine.

P. 89. Sciatico-hawaïen = asiatico-hawaïen : métis né d'un Asiatique et d'une Hawaïenne (ou l'inverse).

P. 90. Sciatique = Asiatique.

P. 93. Mastroianniques = truculents comme l'acteur italien Marcello Mastroianni.

P. 93. Baba sourde = abasourdie.

P. 94. Extra luciole = extra-lucide.

P. 98. Pilulent = pullulent.

P. 101. Pair vert = pervers.

P. 101. Narcisserie = narcissisme : forte admiration de soi.

P. 104. Idées au gramme = idéogramme, signe graphique qui représente le sens du mot et non le son.

P. 104. Instruire en erreur = induire en erreur : amener à se tromper.

P. 104. Cowboy-et-loustics = cabalistiques : magiques, mystérieux.

P. 104. La cul poncture = l'acuponcture : pratique médicale qui consiste à piquer certains points du corps avec des aiguilles très fines.

P 106. Mongole fière = mongolfière.

P. 106. Loup gourou = loup-garou.

P 110. Pas de risque d'insecte = pas de risque d'inceste.

P 111. Épi-logue = épilogue : dénouement de l'histoire.

Sommaire

Chez le même éditeur

Hors Bleu :

Patrick Arduise	*Le Dernier chant de la rivière*
Eliane Cariou	*La Fille de Dieu*
Christian Congiu	*Le Dernier des Minotaures*
Patrick Delaunay	*Chiens*
Bruno Devès	*En deux temps trois mouvements*
Robert Gordienne	*South Central*
Urbain Grandier	*Traité du Célibat des Prêtres*
Laurence Lautrette	*Pour Jean Genet*
Dominique Labarrière	*La Part du fou*
Claude Maillard	*L'Oiseau de Bel-Air*
Timour Muhidine	*Un Cœur double*
Jean-Luc Poisson	*Les Mémoires de la ville (épuisé)*
	La Tribune C vue de dos
Chantal Portillo	*À mains nues (réédition)*
Orlando de Rudder	*Le Trou Mahaut*
Albert Russo	*Zapinette Vidéo*
	Zapinette à New York
Didier Sarnago	*Caravane*
Pierre Silvain	*Dans la nuit de Médée*
Pierre Stolze	*Greta Garbo et les crocodiles du Père Fouettard*
	Marilyn Monroe et les samouraïs du Père Noël
	Volontaire désigné
Anita Valléjo	*Babeth Prisunic (épuisé)*
Gilles Vidal	*L'Endroit le plus fragile du corps de l'homme*
	Hymnes urbains
Freddy Wœts	*Minnie et les Black Mice*
	La Doublure lumière
Samuel Zajde	*Mort d'un âne*

À paraître :

Robert Gordienne	*Petit dictionnaire du grand amour*
Orlando de Rudder	*Le Bourreau de Maubeuge*
Pierre Stolze	*Brigitte Bardot et les bretelles du Père Éternel*

Hors Champ :

Jacques Mazeau	*La Rumeur du soir*

À paraître :

Jacques Mazeau	*La Ferme d'en bas*
	La Dénonciation

Hors Noir :

Jacques Albina	*Écluse de sang*
Claude Amoz	*Le Caveau*
(Grand Prix du Roman Policier "Sang d'encre", Vienne 1997 ; Le Grand Livre du Mois, août 1999, France-Loisirs, octobre 1999)	
	Dans la tourbe
(La sélection du Festival Polar dans la ville" Saint-Quentin-en-Yvelines 1999)	
Maurice Attia	*Rue Oberkampf*
Daniel Baldit	*Lion d'Argent*
Julia Benech	*Beppo et Lulu*
Jean-Yves Berchet	*Jaune banane rouge sang*
	Des choses qui arrivent
	La Piscine Farouk
Olivier David	*Elvis & la Cheyenne*
Philippe Deblaise	*So*
Christophe Derouet	*Journal d'un tueur vénitien*
	Austerlitz bordée de brume
Yann de l'Ecotais	*Gène de violence (Gas n° 1)*
	Mortelles cliniques (Gas n° 2)
Béatrix Foisil	*Grands remous*
Robert Gordienne	*La Voix de Dieu*
Claire Legendre	*Making Of*
Emmanuel Loi	*Le Mariole*
Dominique Renaud	*État d'arme*
Jean Rey	*Le Soleil est meilleur à l'ombre*
Christian Souchère	*La Cité du silence*
Erik Wietzel	*Karma girl*

À paraître :

Maurice Attia	*Le Carnaval des gueux*
Julia Benech	*Histoire du Pyroflamme et Rose*
Robert Gordienne	*Les Nuages de Magellan*
Nadine Monfils	*Les Miroirs secrets de Bruges*

Hors Texte :

Adamstor	*Les 40 misérables*
Éliane Cariou	*Secouez-vous les filles !*
	Du bon usage des hommes
Nestor Jean	*La Table chaude*
	(illustrée par Olivia T'hée)
C. Malot/É. Cariou	*La cuisine séduction*
Marie-Cécile Picquet	*Neuf mois marathon*

À paraître :

Élisa Brune	*Du sexe de l'homme*
	considéré comme un organe
Marie Khan-Sambath	*Mékong amer*
Yvonne Montenay	*Sa Majesté l'opium*

HC Arts :

Jean-Louis Ferrier	*Authouart*
Patrick Massabo	*Parenthèses*

HC D'Arts :
(coédition Hors Commerce/ ENSAC Cergy)

William Burroughs	*Révolution électronique*
Vilém Flusser	*Les gestes*
Isidore Isou	*Contre l'Internationale situationniste*
Isidore Isou	*Traité de bav e et d'éternité*
Jean-Claude Silbermann	*Le Jour me nuit*

À paraître :

Vilém Flusser	*De la communicologie*

Achevé d'imprimer en novembre 2000
sur les presses de Trèfle Communication
50, rue Saint-Sabin 75011 Paris (France).

Imprimé en France
Dépôt légal : décembre 2000
ISBN : 2-910599-71-X